NEUROSE TRAUMÁTICA
Uma revisão crítica do conceito de trauma

COLEÇÃO "CLÍNICA PSICANALÍTICA"
TÍTULOS PUBLICADOS

1. Perversão — Flávio Carvalho Ferraz
2. Psicossomática — Rubens Marcelo Volich
3. Emergências Psiquiátricas — Alexandra Sterian
4. Borderline — Mauro Hegenberg
5. Depressão — Daniel Delouya
6. Paranoia — Renata Udler Cromberg
7. Psicopatia — Sidney Kiyoshi Shine
8. Problemáticas da Identidade Sexual — José Carlos Garcia
9. Anomia — Marilucia Melo Meireles
10. Distúrbios do Sono — Nayra Cesaro Penha Ganhito
11. Neurose Traumática — Myriam Uchitel
12. Autismo — Ana Elizabeth Cavalcanti / Paulina Schmidtbauer Rocha
13. Esquizofrenia — Alexandra Sterian
14. Morte — Maria Elisa Pessoa Labaki
15. Cena Incestuosa — Renata Udler Cromberg
16. Fobia — Aline Camargo Gurfinkel
17. Estresse — Maria Auxiliadora de A. C. Arantes / Maria José Femenias Vieira
18. Normopatia — Flávio Carvalho Ferraz
19. Hipocondria — Rubens Marcelo Volich
20. Epistemopatia — Daniel Delouya
21. Tatuagem e Marcas Corporais — Ana Costa
22. Corpo — Maria Helena Fernandes
23. Adoção — Gina Khafif Levinzon
24. Transtornos da Excreção — Marcia Porto Ferreira
25. Psicoterapia Breve — Mauro Hegenberg
26. Infertilidade e Reprodução Assistida — Marina Ribeiro
27. Histeria — Silvia Leonor Alonso / Mario Pablo Kuks
28. Ressentimento — Maria Rita Kehl
29. Demências — Delia Catullo Goldfarb
30. Violência — Maria Laurinda Ribeiro de Souza
31. Clínica da Exclusão — Maria Cristina Poli
32. Disfunções Sexuais — Cassandra Pereira França
33. Tempo e Ato na Perversão — Flávio Carvalho Ferraz
34. Transtornos Alimentares — Maria Helena Fernandes

35. Psicoterapia de Casal	Purificacion Barcia Gomes e Ieda Porchat
36. Consultas Terapêuticas	Maria Ivone Accioly Lins
37. Neurose Obssesiva	Rubia Delorenzo
38. Adolescência	Tiago Corbisier Matheus
39. Complexo de Édipo	Nora B. Susmanscky de Miguelez
40. Trama do Olhar	Edilene Freire de Queiroz
41. Desafios para a Técnica Psicanalítica	José Carlos Garcia
42. Linguagens e Pensamento	Nelson da Silva Junior
43. Término de Análise	Yeda Alcide Saigh
44. Problemas de Linguagem	Maria Laura Wey Märtz
45. Desamparo	Lucianne Sant'Anna de Menezes
46. Transexualismo	Paulo Roberto Ceccarelli
47. Narcisismo e Vínculos	Lucía Barbero Fuks
48. Psicanálise da Família	Belinda Mandelbaum
49. Clínica do Trabalho	Soraya Rodrigues Martins
50. Transtornos de Pânico	Luciana Oliveira dos Santos
51. Escritos Metapsicológicos e Clínicos	Ana Maria Sigal
52. Famílias Monoparentais	Lisette Weissmann
53. Neurose e Não Neurose	Marion Minerbo
54. Amor e Fidelidade	Gisela Haddad
55. Acontecimento e Linguagem	Alcimar Alves de Souza Lima
56. Imitação	Paulo de Carvalho Ribeiro
57. O tempo, a escuta, o feminino	Silvia Leonor Alonso

Coleção Clínica Psicanalítica
Dirigida por Flávio Carvalho Ferraz

NEUROSE TRAUMÁTICA
Uma revisão crítica do conceito de trauma

Myriam Uchitel

Casa do Psicólogo®

© 2001, 2011 Casapsi Livraria e Editora Ltda.
É proibida a reprodução total ou parcial desta publicação, para qualquer finalidade,
sem autorização por escrito dos editores.

1ª Edição
2001

2ª Edição
2004

3ª Edição
2011

Editores
Ingo Bernd Güntert e Juliana de Villemor A. Güntert

Assistente Editorial
Aparecida Ferraz da Silva

Editoração Eletrônica e Produção Gráfica
Fabio Alves Melo

Projeto Gráfico da Capa
Yvoty Macambira

Dados Internacionais de Catalogação na Publicação (CIP)
(Câmara Brasileira do Livro, SP, Brasil)

Uchitel, Myriam
  Neurose traumática : uma revisão crítica do conceito de
trauma / Myriam Uchitel. -- 3. ed. -- São Paulo : Casa do Psicólogo®,
2011. -- (Coleção clínica psicanalítica / dirigida por Flávio Carvalho
Ferraz)

  Bibliografia.
  ISBN 978-85-8040-061-8

  1. Neuroses 2. Psicanálise 3. Teoria psicanalítica 4. Trauma
psíquico I. Ferraz, Flávio Carvalho. II. Título. III. Série.

	CDD-616.852
11-03587	NLM-WM 170

Índices para catálogo sistemático:
1. Neurose traumática : Teoria psicanalítica : Medicina 616.852

Impresso no Brasil
Printed in Brazil

*As opiniões expressas neste livro, bem como seu conteúdo, são de responsabilidade de seus
autores, não necessariamente correspondendo ao ponto de vista da editora.*

Reservados todos os direitos de publicação em língua portuguesa à

Casapsi Livraria e Editora Ltda.
Rua Santo Antônio, 1010
Jardim México • CEP 13253-400
Itatiba/SP - Brasil
Tel. Fax:(11) 4524-6997
www.casadopsicologo.com.br

Sumário

AGRADECIMENTOS 9

PREFÁCIO: "QUESTÕES DAS ORIGENS",
POR MARIA LAURINDA RIBEIRO DE SOUZA 11

INTRODUÇÃO 19

1 - O TRAUMA: UMA ETIOLOGIA PARA A NEUROSE 25

2 - A NEUROSE TRAUMÁTICA E AS MUDANÇAS DO CONCEITO DE TRAUMA
A PARTIR DE 1897 NA OBRA FREUDIANA 51

Neurose traumática 54

A neurose traumática e suas relações com a neurose de
transferência 59

"Além do princípio do prazer": uma explicação para a neurose
traumática 62

Fixação, repetição, princípio do prazer e pulsão de morte na
neurose traumática. 67

Nascimento: a matriz do trauma e a experiência original da
angústia 78

Considerações sobre o trauma: dois exemplos 81

A particularidade do traumático nas três estruturas 89

O "sintoma" traumático 92

A natureza da inscrição do acontecimento traumático 94

Recapitulação e comentários 100

8   COLEÇÃO "CLÍNICA PSICANALÍTICA"

3 - QUATRO CONCEPÇÕES DO TRAUMA: S. FERENCZI, D. WINNICOTT,
   M. KHAN E J. LAPLANCHE 107
     Sándor Ferenczi 107
     Donald W. Winnicott 125
     Masud Khan 137
     Jean Laplanche 144

4 - DISCUSSÃO CLÍNICA 153

COMENTÁRIOS FINAIS 199

REFERÊNCIAS BIBLIOGRÁFICAS 209

AGRADECIMENTOS

A Flávio Carvalho Ferraz, pela generosidade, competência e parceria.

A três amigos queridos com os quais partilhei o dia-a-dia da confecção desta escrita: Luís Claudio Figueiredo, com quem minhas intuições foram se tornando ideias; Kitty Haasz, capaz de converter aflições em aprendizado e leveza; e Rita Cardeal, com quem compartilhei o movimento de transformar muitas respostas em novas perguntas.

A Alcimar Alves de Souza Lima e Decio Gurfinkel, cujas sugestões foram valiosas para esclarecer pontos importantes do trabalho.

A Genny Cemin, que ajudou no português, burilando amorosa e pacientemente a versão inicial do texto.

Aos pacientes, fonte inesgotável do fôlego necessário para empreender a escrita.

Prefácio

"Questões das origens"*

Myriam Uchitel revela-nos, neste livro, uma leitura cuidadosa e criteriosa do pensamento freudiano. Assinala suas hesitações e ambiguidades e confronta-o com as produções e preocupações da psicanálise contemporânea. A autora já se dedicara, em textos anteriores**, ao estudo do conceito de *trauma* que agora desenvolve com maior amplitude e precisão. O texto ultrapassa aquilo que parece sugerir o título. Não é uma discussão que se atenha à noção das neuroses traumáticas, mas antes um passeio bastante detido sobre o conceito de trauma, sua concepção ao longo da obra freudiana, seu abandono (relativo) e sua retomada a partir de 1920 com *Além do princípio do prazer*.

---

* Publicado originalmente, como resenha, na revista *Percurso* (ano XV, nº 28, 2002).

** Uchitel, M. *Além dos limites da interpretação* (São Paulo: Casa do Psicólogo, 1997) e Uchitel, M. "Em busca de uma clínica para o traumático", in Fuks, L.B. & Ferraz, F.C. (orgs.) *A clínica conta histórias* (São Paulo: Escuta, 2000).

Como diz a autora, "o trauma atravessa a construção da teoria psicanalítica. O próprio corte da teoria da sedução traumatiza a teoria e produz dissociações, desorganizações, recalques, renegações e rupturas nos quais poderiam existir elos e enlaces". A noção de fantasia que, logo nas origens, parecia abolir a ideia do trauma, na realidade, não se opõe a ele, antes o deixa relativizado, adormecido por um tempo, para retornar depois em uma nova configuração e com uma outra implicação clínica demandando sua reinscrição na teoria.

De forma criativa, Myriam descreve a possibilidade de se tomar o trauma como referência na construção dos diferentes quadros patológicos e na condução e compreensão de certos momentos da cura.

Referindo-se às particularidades do traumático nas três estruturas clínicas marca aquilo que seria específico do sintoma na neurose (como formação de compromisso e possibilidade de simbolização) e aquilo que seria o "verdadeiro" traumático (pelo caráter dissociativo e pela ausência de simbolização) presente na psicose e na perversão. Nestas duas estruturas, o sintoma encontra-se mais determinado pela evitação da angústia do que pela realização de um desejo. Com esta afirmação, Myriam recoloca a angústia no centro da temática e amplia uma certa discriminação que já vinha sendo anunciada entre a angústia de castração e a angústia de aniquilamento (mais diretamente ligada ao traumático). Estes são momentos ricos do texto e reveladores da sua forma de construção: os temas são anunciados e desenvolvidos, seguindo o pensamento freudiano e as leituras próprias da autora, deixando, simultaneamente, ao leitor um papel importante na construção das hipóteses e conclusões. Há um convite a que o leitor faça parte do seu percurso de pesquisa.

Uma das vias que somos convidados a trilhar anuncia-se com uma pergunta fundamental: Considerando-se que toda neurose tem algo de traumático, é ou não pertinente, do ponto de vista metapsicológico, dar um lugar nosográfico às neuroses traumáticas? Não seria mais adequado pensarmos, simplesmente, em *estados traumáticos* que poderiam ou não derivar em neurose?

O que Myriam vai nos mostrando é que, se optamos pela pertinência dessa nomenclatura, ela poderia abrir novos campos de investigação, sobretudo para aquilo que fica sob o domínio da pulsão de morte, fora do princípio de prazer – o campo possível do não sexual, da não libido, dos sonhos traumáticos, da repetição dos mesmos destinos, da compulsão repetitiva.

Como se percebe, este questionamento coloca em cena uma discussão metapsicológica bastante abrangente. A autora retoma a discussão do princípio do prazer, da angústia, do corpo físico e corpo erógeno (sua inter-relação ou dicotomia), da inscrição ou não do trauma no psiquismo, da introjeção, da projeção, da pulsão de morte, da repetição e sua diferencia-ção com a compulsão à repetição. Tarefa que cabe valorizar, pois nos surpreende pelo esforço teórico e pela clareza de sua construção. A análise realizada além de embasar a discussão acerca do lugar do traumático na teoria freudiana coloca-se como referência importante para qualquer psicanalista que se proponha à explicitação desses conceitos.

Durante a leitura, perguntei-me sobre as neuroses atuais – termo também das origens e que parece retornar, principalmente nas discussões da psicossomática. Elas não estariam também muito próximas de uma certa concepção da neurose traumática, podendo ser palco das mesmas interrogações?

A importância do traumático faz-se presente, também, nos trabalhos de Ferenczi, Winnicott, Masud Khan e Jean Laplanche, apresentados de forma pontual, no capítulo 3. Myriam discute a especificidade e a herança de cada um desses autores assinalando de forma bastante interessante os efeitos e as inovações que essas teorizações trazem para a clínica psicanalítica.

Ferenczi coloca em relevo a intensidade física e psíquica do evento traumático e o estrago que provoca no eu do sujeito, endossa a ideia de neurose traumática e privilegia o *desmentido* (a negação pelo adulto do que aconteceu com a criança) como poderosa força traumática. Em Winnicott o trauma surge como fator etiológico ligado a diferentes momentos do desenvolvimento e às falhas do ambiente (entendendo-se por ambiente o bebê e sua mãe). Masud Khan explora o conceito de *escudo protetor* (especialmente em relação à falha da mãe no exercício dessa função) e *trauma cumulativo* (conceito, de certa forma, já anunciado em Freud) e Laplanche destaca o lugar do traumático como vital na constituição do psiquismo humano, em um caminho que vai da *sedução restrita* à *sedução generalizada*.

No último capítulo, as discriminações teóricas dos conceitos ganham reconhecimento clínico por meio da discussão de um filme e do recorte de uma sessão analítica. Nessa análise delineia-se aquilo que é próprio da encenação traumática tanto no interior do psiquismo quanto na sua vinculação com as construções de nossa cultura contemporânea.

No filme "A filha do general", de Simon West, a realidade atroz e humilhante do estupro seguido do desmentido paterno instala um quadro traumático. O sintoma sádico da personagem central, a filha do general, e sua encenação final que a leva à morte não é efeito do retorno do recalcado, mas antes uma compulsão a repetir incessantemente o acontecimento traumático. Em sua análise revela-se a eficácia da compreensão do *desmentido* tal como proposto por Ferenczi. A autora mostra-nos, também, como o sujeito traumatizado é triplamente vítima: por não ter mais o objeto idealizado então perdido, por ser objeto da agressão e por converter-se ele mesmo em agressor.

Na apresentação da sessão escolhida, o que se revela é o efeito de uma história de traumas e como o corpo do analista é invadido a ponto de repetir aquilo que tanto Ferenczi como Winnicott denunciavam: *o analista sempre repete a cena do crime*. Repete-a como uma forma de possibilitar a simbolização do indizível e o prosseguimento da análise.

Nessa discussão clínica, Myriam introduz a problematização da condição *borderline*. Nela se poderia diferenciar, seguindo Hugo Bleichmar e outros autores, aquilo que é da ordem dos transtornos originados pelo conflito e aquilo que é da ordem dos transtornos originados pelo déficit ou pela detenção no desenvolvimento. Uma atenção maior para os indícios dessa diferenciação produzirá, necessariamente, efeitos também significativos na forma de condução da cura.

Ao final, uma conclusão que reafirma a posição da autora: "Alguns autores, até mesmo Laplanche, falam da descrição da neurose traumática como uma realidade clínica indiscutível. No entanto, penso que o indiscutível, depois do impacto traumático, não é a presença da neurose traumática, mas de um *estado traumático*, no qual se apresentam as características atribuídas à neurose traumática". Segundo sua perspectiva, o que importa é ultrapassar a dicotomia entre uma forma de categorização e outra – "clínica do trauma" ou "clínica da dissociação", ou "clínica do irrepresentável" *versus* "clínica da representação" – e considerar em todo o psiquismo os aspectos traumáticos não representáveis e os aspectos inscritos que conseguiram uma representação.

O que Myriam propõe não é uma finalização ou a defesa de uma nova ou antiga categorização, mas antes uma abertura. Abertura que está presente na própria ideia do trauma, pois, como destaca a autora, se por um lado paralisa, inibe a capacidade de simbolização, impede novas configurações, por outro, ele é também aquilo que está nas origens de todo psiquismo, que o coloca em ação e que demanda respostas criativas e singulares.

Abertura, também pelo convite que nos faz para repensar o lugar do traumático na contemporaneidade de nossa clínica.

Convite bastante oportuno dadas as condições violentas de nosso cotidiano e a necessidade de uma escuta atenta não só ao reconhecimento daquilo que traumatiza, mas também à possibilidade de que um outro discurso venha viabilizar alguma transformação nessa realidade. Como se vê, estas não são apenas questões das origens.

Maria Laurinda Ribeiro de Souza

Introdução

Termo de relevância discutível, o conceito de *trauma* inicia e percorre a obra freudiana com diferentes acepções e importância. Associado inicialmente ao conceito de sedução, partilhou com ele um destino semelhante: sair de cena no momento e à medida que a sedução saiu. Mas o trauma reaparece, resiste e persiste e, depois de um período de latência, em que as referências a ele são escassas, recobra, em 1920, em *Além do princípio do prazer* novo fôlego, nova força que, por sua vez, se dissipará novamente mais tarde.

A importância do conceito de trauma oscila no interior da teoria freudiana. De protagonista no desencadeamento e etiologia da neurose, passa a ser desconsiderado, questionado e, mais ainda, "proscrito". Nos primeiros trabalhos de Freud, aqueles que precedem a formulação da teoria da fantasia, o trauma constitui-se em conceito chave para explicar a causa e o tratamento da neurose. A partir de 1897, a fantasia, o conflito e a defesa assumirão a força e a função que antes pertenciam ao acontecimento traumático. No entanto, depois de duas décadas, a implosão da guerra e seus estragos trazem à tona a problemática das "neuroses traumáticas", das "neuroses de guerra", das "neuroses de destino", dos "sonhos traumáticos", e o trauma recupera uma importância que irá inspirar, em 1920, as incursões de Freud pelo campo do "além do princípio do prazer" e as novas hipóteses sobre a *pulsão de morte*, a *compulsão à repetição* e o *trauma*.

O trauma atravessa a construção da teoria psicanalítica. O próprio corte da teoria da sedução traumatiza a teoria e produz dissociações, desorganizações, recalques, renegações e rupturas nos quais poderiam existir elos e enlaces. "Já não sei onde me encontro", diz Freud a Fliess na carta 69, na qual, comunicando sua discrepância com a teoria da sedução, parece referir-se a um vácuo teórico.

Se o trauma designa uma ferida, uma perfuração, uma ameaça radical, um perigo que põe em risco a sobrevivência, poderíamos pensar que a *teoria do trauma* se torna traumática quando a realidade externa não pode ser assimilada pela teoria e é colocada na posição de quem põe em risco o papel da fantasia e com isso o da própria psicanálise. Mas a fantasia não parece introduzir-se para excluir o trauma do campo de problematização e pertinência da psicanálise, e sim para ampliar e tornar complexa a concepção até então vigente sobre o funcionamento psíquico, possibilitando repensar e recolocar a importância, lugar e função do acontecimento traumático no corpo teórico-clínico da psicanálise.

A dicotomia fantasia *ou* acontecimento externo, realidade psíquica *ou* realidade material, é responsável pela distinção e dissociação entre um campo produzido pela fantasia, do qual a psicanálise trata e pode dar conta, e um campo produzido pela intromissão violenta da realidade externa, o trauma, da qual a psicanálise prescinde e não trata. Mas a realidade externa e a fantasmática não são duas realidades desconexas. O choque traumático, por exemplo, não intervém sobre a matéria inerte, passiva e sem resposta, impondo suas determinações (como talvez sugiram os primeiros trabalhos de Freud sob a ótica do paradigma mecanicista). Nem a apreensão da realidade externa fica desprovida de fantasias, nem a fantasia prescinde, para sua constituição, da realidade externa.

Paradigmas que foram base das primeiras construções vão cedendo espaço a novos paradigmas, nos quais o que se coloca em jogo não são propriamente teorias, mas uma concepção de mundo e novos campos de problemática e questionamento. Não é o trauma que muda, mas a forma de olhar para ele. Trata-se, então, de reatualizar o conceito, colocando-nos a salvo de um arcaísmo que nem Freud reconheceria.

Espécie de mito das origens, o trauma interroga a teoria: questiona a realização de desejos como único motor dos sonhos, o princípio do prazer como organizador exclusivo da dinâmica psíquica, e o valor do conflito defensivo para explicar os quadros. Questiona também o alcance da interpretação ante a compulsão à repetição e a reação terapêutica negativa, assim como a metapsicologia do funcionamento psíquico. O trauma obriga-nos a um raciocínio de relações, em que se faz necessário integrar não só dentro e fora, psiquismo e corpo, mas também os vários níveis que intervêm na produção de uma realidade humana: o físico, o psíquico e o químico, por exemplo.

A psicopatologia contemporânea desafia a nosografia clássica, e as três estruturas (neurose, psicose e perversão) vão cedendo seu espaço a configurações multiformes, a quadros *borderline*, aos chamados estados-limites e a somatizações, que falam todos de contornos pouco precisos e de relações menos constantes que não chegam a alcançar o *status* de estruturas. Até que ponto, neste cenário, o conceito de trauma pode ser um auxílio para pensar e desenvolver o trabalho clínico?

Várias outras perguntas acompanharam este trabalho: qual a vigência e o alcance dos conceitos de *neurose traumática* e *trauma* na teoria e clínica psicanalítica? Qual a contribuição do conceito de trauma para uma leitura e escuta nos limites do enquadre da análise? Qual a diferença entre olhar para o paciente a partir da estrutura, do conflito e do recalque, e olhar para ele a partir do trauma? Qual a metapsicologia que sustenta o trauma? Quais os indícios do trauma na sessão e a pertinência de se pensar em uma "clínica do trauma?".

Em linhas gerais, o texto pretende, a partir de Freud, explorar o conceito de trauma, sua utilidade, lugar e função no corpo teórico-clínico da psicanálise. Nos dois primeiros capítulos, explorarei a concepção do traumático em Freud. No primeiro deles, destacarei os momentos de "ascensão e queda" do conceito de trauma em seus primeiros textos, para, então, em um segundo, acompanhar as variações do conceito ao longo de sua obra, desde 1897 até seus últimos escritos. No terceiro capítulo, serão apresentadas as elaborações (aspectos e até teorias) sobre o trauma desenvolvidas por Ferenczi, Winnicott, Masud Khan e Laplanche. Por último, no quarto capítulo, trabalharei os referenciais teóricos aqui apresentados a partir de um filme e de um fragmento de sessão, para, então, finalizar o texto com alguns comentários.

1.

O TRAUMA: UMA ETIOLOGIA
PARA A NEUROSE

> "O demônio primeiro, a herança depois e mais
> tarde o conceito de trauma..."

Depois de ocupar um papel determinante como causa da neurose e ser relegado a um segundo plano quando a fantasia o substituiu como fator central etiológico, o *trauma* volta hoje à tona, acenando para um lugar de destaque.

Em Freud, histeria e trauma mantiveram, no começo da sua teoria, uma relação estreita. Até os estudos de Charcot, a histeria estava submersa no mais absoluto mistério. Na Idade Média, entendia-se sua expressão como consequência da possessão do demônio ou de bruxaria, e o destino era a exorcização ou a fogueira. Para a medicina, até o fim do século XIX (época em que os trabalhos de Charcot adquiriram relevância), a histeria, mais do que um desafio, era um ultraje ao saber instituído. Para o médico, as manifestações da histérica não passavam de simulação, burla ou delírio.

Embora o conceito de histeria seja tão ou mais antigo que o da própria medicina, a compreensão desse quadro só alcançou uma depuração maior no século XX. Tal como sua etimologia adverte, a histeria (*histero* significa matriz, útero) era associada às doenças do aparelho genital feminino, e sua cura passava pela combinação de várias terapias que podiam culminar com a extirpação do útero.

No entanto, no fim do século XIX, com a constatação da ausência de qualquer lesão orgânica e da ineficácia do método anátomo-clínico para explicar suas causas, Charcot lançou, dentro do marco da neurologia, novas hipóteses e demonstrações. Muito acrescentou ao conhecimento da histeria esse neurólogo francês, que fez do hospital da Salpetrière um livro aberto, sobre o qual se debruçou para extrair da observação das contrações, das paralisias e das convulsões, um saber que desmentirá, ou pelo menos colocará entre parêntese, os anteriores.

A partir das colocações de Freud (1888-1889; 1888-93; 1893)[1], vemos que, para Charcot, os contágios histéricos, que tiveram para seus observadores o alcance de verdadeiras epidemias na Idade Média, podem ser entendidos pela propensa sugestionabilidade e mimetismo desses pacientes. E a causa da histeria, como consequência de uma lesão nos órgãos sexuais femininos, é contestada pela presença de pacientes histéricos masculinos, que retiram do universo exclusivo das mulheres

---

[1] Os textos citados de Freud pertencem às *Obras Completas de Sigmund Freud.* Madrid: Biblioteca Nueva,1973. Todas as traduções dos fragmentos da obra são de responsabilidade da autora.

suas possíveis causas. Ainda com Charcot, o motivo da neurose, explicada até então exclusivamente por fatores orgânicos ou fisiológicos, mostrou nova face. Para ele, existe uma lesão cortical, mas de caráter dinâmico e funcional, e esclarece que a história de vida do paciente e suas circunstâncias entram como motivos coadjuvantes no desencadeamento da histeria. É nesse contexto que se introduz o *trauma*[2].

Embora Charcot considerasse (consideração que, por momentos, Freud também manteve) a herança um elemento fundamental presente na histeria e os demais fatores que intervinham não mais do que agentes provocadores, vai centrar suas pesquisas naqueles sintomas que apareciam depois de graves *traumas*, isto é, como explicará Freud (1893), aqueles sintomas que advêm como consequência das "*neuroses traumáticas*".

O trauma começa a ter seu peso como motivo capaz de desencadear as manifestações patológicas. Quando ele ocorre, diz Freud (1893), o sujeito se encontra "...num estado psíquico especial, em que a coerência lógica não enlaça todas as impressões e reminiscências, podendo uma recordação exteriorizar seu afeto mediante fenômenos somáticos, sem que o grupo dos demais processos anímicos, ou seja, o *ego*, saiba coisa alguma, nem

---

[2] A palavra *trauma* vêm do grego e combina etimologicamente com o termo ferida e perfurar. Usada originalmente pela medicina, faz referência a um choque violento capaz de produzir um impacto, uma perturbação ante a qual o sujeito não consegue resistir-lhe. A psicanálise translada ao plano psíquico os três atributos presentes na acepção médica: o choque violento, a efração e as consequências sobre o conjunto da organização. Como Laplanche e Pontalis (1968) apontam, Freud atribui ao conceito de trauma um sentido especialmente econômico determinado por "um afluxo de excitação excessivo, em relação com a tolerância do sujeito e sua capacidade de controlar e elaborar psiquicamente tais excitações".

possa se opor [...] um observador ingênuo e não especializado jamais chegaria à hipótese de uma *dissociação da consciência* como solução ao enigma da histeria." (p. 35). Motivo, então, não só psíquico, mas também fisiológico, o estado hipnoide começa oferecendo uma causa coadjuvante para o trauma.

Charcot parece ir mais longe do que declara. Interessado em diferenciar as paralisias histéricas (aquelas surgidas depois de traumas) das orgânicas, tenta reproduzir em pacientes histéricos, por hipnose ou simples sugestão, os sintomas que outros pacientes apresentavam. Comprova, dessa forma, que os sintomas nascem também como consequência de operações sugestivas, de representações do sujeito, chegando, assim, a uma explicação nunca antes colocada para a produção do mecanismo histérico.

É interessante observar que Charcot reconhece o trauma, mas um trauma ainda distante do trauma psíquico; ele tem mais o caráter de um evento externo físico, capaz de produzir no sujeito o sentimento de que sua vida está ameaçada. Charcot fala sobre o mecanismo dissociativo que, nesses momentos, o psiquismo implementa acerca da consciência e do distancia-mento do *ego*. No entanto, pouco esclarece da qualidade dos conteúdos que ficam fora da consciência e das origens dessa dissociação. Mesmo assim, é importante assinalar que já se conta com a ideia da dissociação, operação que muito nos aproximará do entendimento do funcionamento do aparelho psíquico, da construção da futura tópica e da compreensão das diferentes patologias, a partir do quê, onde e como se dissocia.

Quando, por volta de 1886, Charcot encomenda a Freud o "Estudo sobre as diferenças entre as paralisias motrizes orgânicas e histéricas" (1888-93 [1893]), muitas dessas ideias são trabalhadas com o propósito de delimitar mais claramente o campo de produção e permanência do sintoma histérico e as relações entre histeria, trauma e sintoma.

Nesse texto, Freud pincela minuciosamente aspectos que permitirão distinguir ambos os tipos de paralisia (orgânica e histérica), correlatas à expressão de dois corpos que obedecem a fontes de determinação distintas: um corpo físico que registra, nele mesmo, lesões que se harmonizam com a anatomia do sistema nervoso, e outro (mais tarde erógeno) marcado pela história do sujeito, em que o trauma, já não mais físico, mas psíquico, terá um peso categórico na determinação das manifestações somáticas.

Freud define neste trabalho: "Todo acontecimento, toda impressão psíquica, estão permeados por um certo valor afetivo do qual o *ego* se libera, ora por meio de uma reação motriz, ora mediante uma tarefa psíquica associativa. Se o sujeito não pode ou não quer pôr em prática esses meios, *a lembrança da impressão da qual se trata adquire a importância de trauma e se constitui causa de sintomas permanentes da histeria*" (1888-93, p. 21, grifo meu). Existem para Freud – tal como Charcot assinalara – alterações funcionais sem lesão orgânica, que ignoram totalmente a anatomia do sistema nervoso, respondendo a outras causas. O órgão afetado, embora não estando lesado, fica sem poder entrar em associação com o *ego* consciente, pois ele se encontra em uma associação inconsciente com a lembrança traumática carregada de um especial valor afetivo. Como vimos, o órgão só se reintegra quando a intensidade desse valor se libera por meio de uma reação motriz ou por um trabalho psíquico associativo. "Esta é a teoria, diz Freud, à qual demos o nome de *derivação por reação* dos incrementos de estímulo", enfatizando assim a importância da *descarga* (*Ibid.*, p. 21, grifo meu).

As citações anteriores evidenciam ideias centrais que acompanham o conceito de trauma além da sua validade etiológica, quando a fantasia e o conflito psíquico roubam a cena, e a defesa é colocada como um dos mecanismos mais importantes na gênese do sintoma neurótico.

Como podemos ver, *o mecanismo dissociativo* (que isola a representação impedindo associações, explicado até agora pelo estado especial em que o sujeito se encontra quando o evento ocorre) e o *afeto não descarregado* são determinantes neste momento para a compreensão do evento traumático e do *trabalho terapêutico*, que deverá contemplar tanto a necessidade associativa (psiquismo integrado por conexões) como a *descarga dos excedentes excitatórios*, ou seja, dos afetos.

Mantendo-nos ainda no terreno dos primeiros trabalhos e antes da publicação do "Estudo sobre a histeria" (1895), marco referencial sobre essas teorizações, localizamos o artigo "Um caso de cura pelo hipnotismo" (1892-1893), em que Freud sutilmente esboça a ideia da formação do sintoma histérico não exatamente por um trauma provocado por um estímulo externo, tal como anteriormente tinha sido referido, mas por um confronto de forças, que antecipa de alguma forma a ideia do conflito. Querer e não poder amamentar o filho, querer guardar silêncio e emitir um ruído são exemplos do que Freud chama de "...um sintoma histérico por objetivação da representação contrastante penosa, ou seja, por 'vontade contrária'" (1892-1893, p. 27). Embora o excesso de excitação, o esgotamento e a frustração pelo não conseguido tenham uma parte da responsabilidade na formação e persistência desse tipo de sintoma, Freud enfatiza o mecanismo do recalque (já a esta altura mencionado, embora com acepção diferente da utilizada posteriormente), explicando que são as representações recalcadas – ideias opostas às expectativas desejadas – que se impõem com mais força e ficam convertidas em atos. É o temor que conduz à realização do temido, e assim o temido é colocado em ato. No plano da clínica, Freud intervém por meio da hipnose, reforçando a vontade que ficou submersa pelo poder da contra-vontade.

Estamos em 1895. "Estudos sobre a histeria" não é um texto homogêneo com ideias acabadas que goza da estabilidade dos textos conclusivos. É um texto que reúne vários outros, incluindo historiais clínicos atendidos por Freud entre 1889 e 1892. É um texto processual, de passagem e, como tal, submetido aos vaivens de um processo. É um texto transicional entre um pensamento no qual prevalece a construção linear, causal e econômica para um pensamento que vai incluindo de forma mais clara a ideia de um conflito de forças, o ponto de vista dinâmico, que contribuirá para desenvolver o modelo da histeria de defesa, núcleo básico posterior de toda neurose. É também um texto de conciliação, um híbrido teórico entre Breuer e Freud, e um híbrido técnico, entre uma modalidade terapêutica dominante que inclui a hipnose, a sugestão e a catarse, e novas formas ainda em estado incipiente, como o método da associação livre, que a psicanálise conservará até hoje.

Nesse texto, Freud muda em parte o conceito de trauma psíquico e define mais precisamente suas possíveis fontes, incluindo de maneira decisiva o caráter sexual do trauma e o conceito de defesa. Define também a diferença entre a histeria comum e a histeria traumática; introduz a concepção do trauma em dois tempos e concebe a manifestação histérica por efeito de um único grande trauma ou pela soma de traumas parciais que darão origem mais tarde ao conceito de trauma cumulativo[3]. Nesse texto, são também apresentadas novas modulações na psicoterapia, que continuam contemplando de maneira central o acontecimento traumático.

No prólogo à primeira edição de 1895, Breuer e Freud sintetizam algumas ideias que se encontram ao longo do texto: a *sexualidade* desempenha um papel etiológico, ela é a *fonte dos traumas psíquicos* e o motivo da defesa (1895). Na neurose em geral, e mais especificamente na histeria traumática, o fator acidental (que posteriormente será incluído nas séries complementares como um dos componentes da etiologia da neurose) explica a emergência do quadro histérico e de seus ataques que,

---

[3] O conceito de "trauma cumulativo", desenvolvido posteriormente por Masud Khan, será retomado no capítulo 3.

conforme Freud, não são mais do que a reprodução alucinatória do fato traumático.

Embora a neurose traumática possa advir do impacto de um acontecimento que deixa marcas até mesmo no corpo (como em guerras, acidentes, etc.), o trauma psíquico, diz Freud, não é provocado por nenhuma lesão, mas, sim, pelo susto, pelo sobressalto, pela surpresa que acaba convertendo o evento em um trauma psíquico. Dessa forma, o *trauma* é compreendido como toda impressão ou vivência que provoque afetos penosos de medo, susto, angústia, vergonha ou dor psíquica que o sistema nervoso tem dificuldade para resolver por meio do pensamento associativo ou por uma reação motora (*Ibid.*).

Sob essa ideia de trauma, consolida-se, em um primeiro momento, o *método catártico*, que combina por meio da hipnose – e logo da sugestão – a *recuperação da lembrança* do acontecimento traumático com a *ab-reação dos afetos* ligados a ela.

No ensaio de 1894 "As neuropsicoses de defesa", e em alguns outros que sucedem os "Estudos sobre a histeria", tais como as "Novas observações sobre as neuropsicoses de defesa" (1896a) e a "Etiologia da histeria" (1896b), Freud afina mais sua concepção sobre o fenômeno histérico e sobre o trauma sexual como fator etiológico: "... em todos os casos, e qualquer que seja o sintoma que temos como ponto de partida, chegamos indefectivelmente ao terreno da vida sexual... a intervenção de forças sexuais motivacionais se impôs como uma hipótese indispensável" (1896b; p. 303-304). A histeria não mais será caracterizada exclusivamente pela existência de grupos psíquicos separados da consciência, mas pelo uso da defesa contra representações intoleráveis para o *ego*, sendo essas representações, na maior parte das vezes, sexuais.

Para Freud, duas cenas são necessárias para que o trauma ocorra: uma primeira que, para adquirir valor etiológico, deve acontecer cedo (até os 10 anos de idade), produzir uma sensação de irritação nos genitais e ser vivida de forma submissa e passiva pela criança, que nesse momento só sente o impacto, mas nada compreende; e uma segunda cena, em um segundo tempo, do *a posteriori*, em que, a partir de uma experiência na puberdade, similar à da infância, ressignifica-se o evento primeiro, instalando-se o trauma. É no efeito *a posteriori* (em que, mais do que uma sequência de cenas, observa-se uma sobreposição da cena atual com a da marca mnêmica) que o evento se torna traumático. O *trauma* não se localiza na vivência da vida adulta, mas no reviver *a posteriori* a intensidade que evoca a primeira cena: "Não são os acontecimentos que agem traumaticamente, mas sua lembrança, que emerge quando o sujeito chega à maturidade sexual" e é capaz de compreender o sentido de ambas as cenas. Freud acrescenta: "A repressão da lembrança de uma experiência sexual penosa na vida adulta somente acontece com pessoas às quais tal experiência possa ativar a ação de um trauma infantil" (1896a; p. 287-88). A primeira cena oferece a *força traumática*, enquanto a segunda, a *condição traumatizante*. Ter acesso à primeira lembrança não é fácil, pois as cenas traumáticas não formam séries simples e poucas vezes se encontra uma cena conectada exclusivamente a uma outra. "Não esperamos poder encontrar uma única lembrança traumática, uma única representação patógena como nódulo da mesma, mas, ao contrário, cenas inteiras de traumas parciais e concatenações de processos mentais patógenos" (1895; p. 158). Para cada acontecimento novo é possível encontrar várias ramificações, ":... nenhum sintoma histérico pode surgir de um único acontecimento real, pois sempre a lembrança dos acontecimentos anteriores associativamente despertados é coadjuvante da causa do sintoma" (1896b; p. 302).

Freud introduz-nos aqui na peculiaridade da inscrição e da temporalidade do trauma, peculiaridade essa que trinca a mecanização e a imediatez da relação causa-efeito e permite introduzir uma complexidade de ramificações e intermediações que não atuam em cadeias cronológicas consecutivas, lineares, mas que reforçam a importância das associações regidas por regras próprias, como laços de simultaneidade, de analogia ou de causalidades complexas. O acontecimento traumático não fecha, nem cicatriza. Como ferida pouco perceptível, mas candente, fica propensa a se abrir diante de qualquer nova agressão externa que circunde ou atinja o foco pela associação. Para o trauma não há passado, só há presente.

Em síntese, encontramos até aqui o trauma, em um primeiro momento, vinculado à ação dissociativa dos "estados hipnoides" e à impossibilidade da descarga do afeto de um acontecimento; em um segundo, vinculado a uma cena sexual vivida na infância de forma passiva; e, em um terceiro, associado a um conflito de afetos. Encontramos, também, a ideia do trauma em dois tempos; e a ideia da presença de vários traumas parciais mais do que de um grande trauma. Tecnicamente, Freud encontra-se na busca do trauma, abandonando a hipnose e a sugestão, seguindo pelo caminho da associação livre. Essas são algumas das ideias que vão inspirar a elaboração da "Psicoterapia da histeria", que o próprio Freud e outros autores colocam como o início do método psicanalítico.

Em "Estudos sobre a histeria", e mais especialmente no seu último texto "Psicoterapia da histeria", observa-se a construção de um método e de uma técnica que contemplam tanto as dificuldades teóricas como as que vão surgindo no processo de cura, produzidas pela utilização da hipnose, pela necessidade de precisar o diagnóstico, pela transferência e pelos inconvenientes de um método incapaz de afetar as condições causais da histeria.

No princípio, vimos que a dissociação psíquica do evento traumático e o excesso de excitação que esse acontecimento provoca são as duas condições que orientam a terapêutica, quer favorecendo a retirada das catexias mediante ab-reação, quer pelo restabelecimento da conexão entre a lembrança do acontecimento traumático e o afeto. Como passar do sintoma à lembrança, como conseguir que o excesso de excitação se redistribua, evacue ou diminua pela descarga, e como driblar os obstáculos que se opõem à ação terapêutica, são as questões que estão colocadas em relação à técnica.

No começo do texto "Psicoterapia da histeria" (1895), introdutório ao método psicanalítico, e o primeiro em que Freud assume, independentemente de Breuer, a paternidade exclusiva pelo escrito, ele nos diz: "Encontramos, com efeito, e para surpresa nossa, no início, que os distintos sintomas histéricos desapareciam imediata e definitivamente quando se conseguia despertar com toda clareza a lembrança do processo provocador, e com ele o afeto concomitante, e o paciente descrevia este processo com o maior luxo de detalhes possíveis, dando expressão verbal ao afeto. Procuramos depois tornar compreensível a forma em que atua nosso método psicoterápico: anula a eficácia da representação não descarregada por reação, dando saída por meio da expressão verbal ao afeto concomitante que havia ficado estancado, e levando-a à reação associativa por meio de sua atração à consciência normal (em uma ligeira hipnose) ou de sua supressão pela sugestão médica, como acontece nos casos de sonambulismo com amnésia" (1895; p. 138). No entanto, apesar da clareza do método, nem sempre os resultados eram satisfatórios. A lembrança do trauma não conduzia à eliminação do sintoma em todos os casos e, quando acontecia, muitas vezes não era mais do que aparente e temporária, sem que o paciente ficasse imunizado contra novas manifestações sintomáticas. Por outro lado, Freud observara que muitas vezes a manifestação histérica não era mais do que um dos componentes de uma neurose mista, ante a qual a catarse (em princípio, só confiável para a histeria traumática) tinha um efeito menor.

Se até esse momento o trauma era apresentado sob a forma de um acidente, de um acontecimento que irrompe de fora, como um corpo estranho do qual o sujeito, como vimos, nada sabe e tudo desconhece, trata-se agora de uma representação ou uma sensação que, despertando afetos penosos e desprazeres, estimula o sujeito a "decidir" esquecê-lo, expulsando da consciência a representação incômoda.

Assim, a histeria nasce não mais por um acontecimento traumático externo, mas pela repressão de uma representação sexual intolerável e, portanto, traumática, perdurando a representação de forma menos intensa quando seu afeto é utilizado para uma enervação somática. Colocar o afeto no corpo é a possibilidade de senti-lo menos no psíquico. O corpo oferece-se como canal para liberar algo que, para o psiquismo, é difícil conter.

Até 1897, o trauma sexual e real continuou oferecendo o fundamento etiológico para a histeria e para as manifestações sintomáticas que reproduzirão o trauma como símbolo mnêmico. No entanto, essa crença foi minguando até que Freud, na conhecida carta que escreveu a Fliess datada de 21 de setembro de 1897, fala da não credibilidade com respeito à elaboração teórica sobre a histeria.

Durante os nove meses que precedem a carta mencionada, Freud foi tecendo uma série de argumentos que culminaram na decepção com respeito à *sua* histérica. Em janeiro daquele ano, perguntou-se pelos conteúdos dos delírios da histérica medieval que incluíam sempre, e em cada um deles, um abuso sexual semelhante aos manifestados por suas pacientes. "Por que será que o demônio que se apossava das pobrezinhas, invariavelmente abusava delas sexualmente e de maneira repugnante? Por que é que as confissões delas, mediante tortura, são tão semelhantes às comunicações feitas por meus pacientes em tratamento psíquico?" (1887-1904; p. 225). Nessa mesma carta, J. M. Masson (editor das cartas) sugeriu que Freud talvez estivesse insinuando que as histórias de suas pacientes poderiam não ser verdadeiras, mas inventadas.

Dois meses depois dessa última carta, em abril de 1897, Freud foi abrindo espaço na teoria para dar entrada ao que diz se tratar de "um novo elemento da produção do inconsciente". A fantasia foi, então, apresentada e, nas cartas seguintes, cresceu sua importância: "O que tenho em mente – diz Freud nessa carta de 6 de abril – são as fantasias histéricas, que, tal como as vejo, remontam sistematicamente a coisas que as crianças ouvem em idade precoce e só compreendem numa ocasião posterior. A idade em que captam essa espécie de informações, estranhamente, é a partir dos seis a sete meses" (*Ibid.*, p. 235).

Na correspondência desse mesmo ano até setembro, a fantasia teve uma presença constante. Embora na carta de 2 de maio a cena real pareça consolidar ainda mais seu lugar de importância ("... adquiri uma noção segura da estrutura de histeria. Tudo remonta à reprodução de cenas do passado", *Ibid.*, p. 240), as fantasias são colocadas como um fator necessário para o aparelho psíquico, desempenhando uma função defensiva e homeostática. São formações imaginárias, escudos que se erguem ante as lembranças, com uma finalidade protetora, para "... impedir o acesso a essas [cenas sexuais mais primitivas] recordações" (*Ibid.*, p. 241). Mas, apesar de seu caráter ilusório e ficcional, as fantasias conservam uma vinculação estreita com a realidade. São confeccionadas com vivências, coisas vistas e ouvidas (*Ibid.*) e requerem um segundo tempo – como também o trauma requer – para a sua compreensão: "As fantasias provêm de coisas que foram ouvidas, mas só posteriormente entendidas, e todo o material delas, é claro, é verdadeiro" (*Ibid.*, p. 240).

A fantasia progride no sentido de ocupar o papel central – aquele ocupado pelo trauma – na etiologia da neurose. Antes disso, o conceito de fantasia expande-se e fortalece: torna inacessível a lembrança da qual provêm os sintomas; é responsável, quando recalcada, pela liberação da angústia; é ela que aspira, também, como o sonho e o sintoma, à realização do desejo. Falsifica a memória, roubando importância à lembrança, e introduz a dúvida entre o que é recordação e o que é fantasia, entre o que é realidade material e realidade psíquica.

A compreensão e o tratamento da histeria trazem novas dúvidas. A sequência: acontecimento traumático - neurose - recordação da lembrança e ab-reação - eliminação do sintoma não convence. Por que – pergunta-se Freud na carta 69, de 21 de setembro de 1897 – a dificuldade reiterada de levar uma análise à conclusão? Por que os pacientes, mesmo aqueles que estiveram vinculados fortemente a ela, a abandonam? Por que a aplicação do método não imuniza contra o reaparecimento dos mesmos ou novos sintomas? Por que a recordação das cenas infantis não aparece de forma clara, nem mesmo nos delírios? Reconhecer a hipótese da sedução seria também reconhecer a perversão paterna, seria admitir um número ainda maior de perversos do que de histéricos. Por outro lado, como é possível, continua se questionando Freud, ter a certeza de que é uma lembrança se não há indicação de realidade, nem distinção entre verdade e ficção no inconsciente?

São essas as questões que precederam o "Não acredito mais na minha neurótica". Ante elas Freud sugeriu: "... restaria a solução de que a fantasia sexual se prende invariavelmente ao tema dos pais".

Mas, por enquanto, não convenceu nem se convenceu, declarando poucas linhas depois: "Agora não tenho a menor ideia de onde me situo, pois não consegui alcançar uma compreensão teórica do recalcamento e de sua inter-relação de forças. Mais uma vez parece discutível que somente as experiências posteriores deem ímpeto às fantasias, que [então] remontariam à infância, e, com isso, o fator da predisposição hereditária recupera uma esfera de influência da qual eu me incumbiria de desalojá-lo em prol do esclarecimento da neurose" (*Ibid.*, p. 265-266).

Entre recordações e sonhos, e com o apoio na correspondência com Fliess, Freud foi dando curso à sua autoanálise como forma de elucidar o que permanecia inacessível na sua clínica. Acompanhado pelas lembranças de infância e seus sonhos (que curiosamente respondem a seus desígnios "... sempre soube onde a noite de sonhos seria retomada"), reconstrói a existência de uma trama de afetos, ciúmes, paixões, desejos e ódios, vividos com figuras significativas da sua história. Ao refletir sobre a sua própria trama, descobriu a trama universal que o Édipo revela: "Descobri também, em meu próprio caso, [o fenômeno] de me apaixonar por mamãe e ter ciúme de meu pai, e agora considero um acontecimento universal do início da infância, mesmo que não [ocorra] tão cedo quanto nas crianças que se tornam histéricas [...]. Cada pessoa da plateia foi, um dia, um Édipo em potencial na fantasia, e cada uma recua, horrorizada, diante da realização do sonho ali transplantado para a realidade, com toda a carga de recalcamento que separa seu estado infantil do estado atual" (*Ibid.*, p. 273).

Essa série de descobertas ofereceu nova luz à compreensão da histeria e desprendeu a teoria e a clínica da preocupação exclusiva com o fato real, reorientando, então, a atenção para a promissora fantasia, agora, mais claro do que nunca, produtora de realidade. Embora Freud desenvolva o conceito de fantasia originária em trabalhos posteriores, o caráter arcaico e universal da fantasia (responsável por iguais formações fantasmáticas na infância) e o valor estruturante que ela tem para o psiquismo humano já estão esboçados. O inconsciente nutre-se das impressões, das percepções, das marcas, dos acontecimentos e das fantasias... e também dos fatos "... aquilo que é visto no período pré-histórico produz os sonhos, o que é ouvido nele produz as fantasias; o que é *sexualmente* experimentado produz as psiconeuroses" (*Ibid.*, p. 303).

Freud não tirou propriamente o valor do fato, a fantasia não o exclui, em alguns momentos relativiza-o e em outros potencializa-o.

Em que medida, então, nos perguntamos, é possível dizer que Freud *abandonou* a teoria da sedução e com ela a teoria traumática? Na mencionada carta 69, assinalada como a certidão de ruptura e de passagem de uma certa concepção da etiologia da histeria (na qual prevalecia a importância do acontecimento traumático) para uma outra, em que a fantasia substituiria o lugar do fato (sinalizando a mudança do período pré-analítico para o analítico, no qual começaria a *verdadeira* psicanálise com objeto e método próprios), Freud apenas dá diversas razões que indicam insuficiências teóricas e técnicas, mas que não bastam para rebater o que até então, no seu conjunto, tinha sido dito. Nem essa carta nem a relação dela com as outras que a sucedem apresentam a consistência de ideias e a clareza necessárias para fazer dela um ponto indiscutível de passagem.

Quase três meses depois da famosa carta, Freud deu mostras de não desmentir o acontecimento traumático. Em 12 de dezembro de 1897, ele declarou: "Minha confiança na etiologia paterna aumentou enormemente" (*Ibid.*, p. 287). Em uma nota de rodapé desse parágrafo, o editor chamou a atenção para o uso da mesma expressão "etiologia paterna" em uma carta escrita oito meses antes, na qual fazia clara referência à responsabilidade do pai, ou seja, da teoria da sedução no desencadeamento da neurose. Nela, Freud escreveu "...hoje pela manhã trouxe um nova confirmação da etiologia paterna […]. E foi aí que se revelou que o pai dela, supostamente nobre e respeitável, costumava levá-la para a cama, regularmente, quando ela estava com oito a doze anos, e servia-se dela sem penetrá-la… Uma irmã seis anos mais velha confessou ter tido as mesmas experiências com o pai" (*Ibid.*, p. 238-39).

Freud partiu das questões que a clínica suscitou. Credibilidades e incredulidades mobilizam a teoria, produzem mudanças, avanços, retrocessos e retomadas, júbilos e desânimos. Em seu estilo, Freud, pouco propenso a relativizar, contundentemente, afirmou e desafirmou[4], mas não descartou, acrescentou. Tudo vai encontrando algum nível de articulação na teoria. Mudam os lugares, o peso, porém os conceitos se integram.

Por isso, perguntar-se: fantasia *ou* realidade? fantasia *ou* trauma? é criar uma dicotomia que, em Freud – tomando a obra em seu conjunto –, não existe. Em uma nota de 1924, acrescentada ao artigo de 1896, "Novas observações sobre a neuropsicose de defesa", Freud reatualizou e recontextualizou a problemática do trauma e da sedução no interior da elaboração teórica alcançada nas três décadas seguintes. Nela, a importância do conceito de sedução como valor etiológico é reconsiderada, mas não desaparece. "Todo este capítulo, dirá Freud, se encontra dominado por um erro, que mais tarde

---

[4] Assim como em maio de 1897 dirá "… adquiri uma noção segura da histeria, tudo se remonta à reprodução de cenas do passado" (1887-1904; p. 240); em 1908, afirma: "Todos os ataques histéricos que até hoje consegui investigar demonstraram ser encenações desta ordem (referindo-se às fantasias), involuntariamente, emergentes" (p. 1349).

reconheci e retifiquei repetidamente. Quando o escrevi não sabíamos distinguir entre as recordações reais do sujeito e suas fantasias sobre seus anos infantis. Em consequência, atribuímos à sedução, como fator etiológico, uma importância e uma generalidade que carecem. Superando esse erro, tornou-se visível o campo das manifestações espontâneas da sexualidade infantil que descrevemos em nossa 'Contribuições para uma teoria sexual', publicada em 1905. No entanto, nem todo o exposto no capítulo que a antecede deve ser rejeitado, pois *a sedução conserva ainda um certo valor etiológico*" (1896; p. 289, acréscimo em nota de 1924; grifo meu).

É verdade que a teoria da sedução na sua função ilimitada é questionada, e que Freud vinha, como vimos, trabalhando o conceito de fantasia, mas a construção que parece desdenhar a teoria do trauma não estava clara. A fantasia tinha ainda um estatuto indefinido, e mesmo quando Freud o aclara, a esta altura da elaboração teórica, parece mais um retrocesso – no sentido de um apelo para o determinismo orgânico em detrimento da história do sujeito – do que um avanço.

Não é necessariamente o abandono da teoria da sedução que dá acesso ao Édipo e ao universo infantil sexuado; essa linearidade em Freud não prevalece. A cena de sedução, a cena traumática, pode coexistir (e coexiste) com o papel preponderante que a fantasia tem na organização psíquica, pois as fantasias não desmentem todas as cenas de abuso e sedução, mas podem dar sustentação para que existam.

Quando Freud acenou com o abandono da teoria da sedução, parecia pretender abandonar também um terreno de adversidades, de críticas que vinham questionando suas produções.

A "renúncia" naquele momento foi uma espécie de salvo-conduto para uma terra prometida, menos material, mais ficcional e fantástica e, talvez, por isso mais benévola e menos comprometedora.

Masson, em seu livro *Atentado à verdade* (1982), traz vários elementos para compor o cenário da "renúncia". Primeiro fala da sugestiva reação do público quando Freud anunciou pela primeira vez a teoria da sedução. Uma série de omissões se seguiu: a falta de um resumo que habitualmente era publicado no jornal médico antes de qualquer exposição; a ausência de qualquer registro, menção ou discussão depois da sua apresentação; a omissão nas primeiras publicações da correspondência com Fliess de trechos ou mesmo cartas nas quais se mencionava o evento, como, por exemplo, a omissão da carta do dia 26 de abril de 1896, em que Freud comenta com Fliess o impacto que lhe causara a resposta a seu trabalho: "Uma palestra sobre a etiologia da histeria, feita na Sociedade de Psiquiatria, teve uma recepção gélida por parte daqueles imbecis e recebeu uma estranha avaliação de Krafft-Ebing: 'Parece um conto de fadas científico'. E isso depois de ter demonstrado a eles a solução de um problema de mais de mil anos, uma *caput Nili* [cabeceira do Nilo]! Pois que vão para o inferno, para expressá-lo eufemisticamente" (1887-1904; p. 185). Na "História do movimento psicanalítico", Freud complementa: "...o silêncio com que se deparou minha comunicação, o vazio que se formou ao meu redor e as sugestões que me foram transmitidas fizeram-me perceber, pouco a pouco, que as afirmações sobre o papel desempenhado pela sexualidade na etiologia das neuroses não poderiam contar com o mesmo tipo de tratamento dado às outras contribuições. Compreendi que, dali em diante, eu seria um daqueles que 'haviam perturbado o sono do mundo', nas palavras de Hebbel, não podendo mais esperar nem objetividade nem consideração alguma" (1914; p. 1903).

A falta do apoio de Fliess para a teoria da sedução pode também ter influenciado na sua "renúncia". A relação idealizada e necessária que Freud mantinha com ele levava-o, muitas vezes, a conciliar com posições das quais, talvez, em outras condições, teria discrepado.

Por outro lado, pertinente ou não à teoria, falar do caráter traumático da sedução era um chamariz inoportuno colocado ao lado das muitas matérias que, na época, a medicina legal estava publicando sobre o abuso de crianças.

A sedução poderia não ser a chave-mestra para a etiologia da histeria, mas isso não a desmentia nem a descartava como promotora também de trauma, conflitos e neurose. O alerta para a indistinção que o inconsciente faz entre realidade e fantasia ressaltou o valor e a importância do papel da fantasia, mas não diminuiu o impacto da realidade. Toda realidade material, ao ser vivida, cobra realidade psíquica e é sobre esta, *sobre as significações que o vivido tem para o sujeito, que a psicanálise trabalha.*

O abuso, o trauma, em seu caráter imperativo de realidade, parece poder colocar em questão o complexo de Édipo, a fantasia, e com eles os constructos tecidos pela psicanálise: "A psicanálise não está equipada para lidar com pacientes que sofreram danos emocionais reais e sérios na infância...", ouvimos dizer. Enquanto a realidade material e a realidade psíquica mantiverem essa distinção "pura" de campos, e a primeira intervir com o estatuto perturbador de quem confunde, ela precisará ser negada, desmentida ou relativizada na sua importância, colocando invariavelmente no lugar a projeção da invenção fantasmática.

Há traumatismos, como acontecimentos, proibições e saberes traumáticos que, apesar de violentos, organizam. O trauma do nascimento, por exemplo, na origem da existência; o mito de Adão e Eva, na origem das diferenças sexuais; a passagem de uma endogamia para uma exogamia física e psíquica veiculada pela lei do incesto.

A reação traumática denuncia a qualidade traumatizante de um evento. Se sobre o incesto, por exemplo, pesa a proibição – fundante por sua vez de traços peculiares da cultura –, o objeto e o sujeito da condição incestuosa ficam marginalizados, sem lugar psíquico que acolha a condição traumática. Podemos pensar que este é o "fora" de que alguns autores falam quando se referem ao trauma: fora não só da cultura, mas também "fora" da dinâmica e da tópica do aparelho psíquico[5].

---

[5] Uma moça que tinha sido abusada pelo pai na sua infância passou a fazer parte de uma equipe de entrevistadores sobre violência sexual; ela disse que precisava saber

O trauma tem e não tem, ao mesmo tempo, um valor em si mesmo. Se em princípio só poderíamos falar de trauma a partir do efeito traumático que um acontecimento gera, supondo que o evento em si não é traumático, mas só o é a significação que o sujeito lhe atribui, é também necessário observar que a atribuição singular traumática de um evento vincula-se à atribuição que o social faz dele. Portanto é de se esperar que um abuso, por exemplo, por parte de uma das figuras parentais sempre terá um caráter traumático se houver a compreensão dele ou quando esta compreensão chegar. O acontecimento produz um estado traumático que pode ou não perpetuar-se como trauma, dependendo da possibilidade elaborativa do sujeito. A violação de uma lei que tira ao violentado um lugar de direito (o de filha ou de criança, por exemplo), colocando-o em um outro, de insegurança, de não identidade, produzirá no sujeito profundas desorganizações.

Freud não negou a sedução, mas, sim, o papel que ela desempenhava na etiologia da neurose. Ela pode operar traumaticamente, assim como também podem operar a fantasia ou outros acontecimentos. O alcance da experiência da sedução como fator etiológico se minimiza, mas *a importância do trauma nunca desaparece.*

O trauma, associado a uma causalidade e linguagem energética, introduz a obra freudiana. Mais tarde, com a superposição confusa de sedução e trauma e a importância que se

---

se também outros pais tinham abusado de suas filhas, ela precisava saber se existia um "lugar" em que pudesse se situar, fazendo parte de algum universo compartido.

atribui à fantasia, ao conflito psíquico e à defesa, o trauma passou a ter um valor secundário. Mas, como veremos, a partir de 1920, voltou a recuperar um lugar de importância, embora não tenha alcançado, até então, nem até o fim da obra de Freud, uma clara articulação com o trabalho clínico.

2.

A NEUROSE TRAUMÁTICA E AS MUDANÇAS DO CONCEITO DE TRAUMA A PARTIR DE 1897 NA OBRA FREUDIANA

A vivência traumática começa a perder força gradativamente, por volta de 1897, no seu espaço conquistado como causa da neurose. Mas somente depois que o Édipo emerge, deixando mais claro o papel do sexual infantil e da fantasia, Freud se sentirá com mais fundamento para alterar o papel do traumático.

Quando Freud constata que a história de vida dos pacientes normais não se diferenciava substancialmente das histórias dos casos patológicos, passa a atribuir o *motivo da enfermidade* não mais ao acontecimento, mas à *significação e representação que o sujeito fazia do mesmo e ao fracasso da defesa*, "... as influências acidentais foram cedendo ainda mais o lugar às influências da repressão... *o importante já não eram as excitações sexuais que o indivíduo tivesse experimentado na sua infância, mas, e sobretudo, a sua reação a tais impressões e ter respondido ou não a elas com a repressão...* A psicanálise de sujeitos histéricos mostrou que a enfermidade era o resultado de um conflito entre a libido e a repressão sexual e que seus sintomas constituíam uma transação entre ambas correntes anímicas" (1905 [1906]; p. 1241, grifo meu).

A noção de conflito começa a relativizar a potência do acontecimento traumático. Sem a mediação do conflito, sem a dimensão dinâmica da expressão de forças contrárias, não existe trauma. Já na epicrise do caso de *Miss* Lucy, apresentado em "Estudos sobre a histeria", Freud assinala o papel crucial do conflito: "o conflito de afetos tinha elevado o momento à categoria de trauma" (1895; p. 95), pelo qual a cena externa, mais do que determinar o trauma, se presta para que o conflito se expresse e o trauma se instale. Nesse sentido, o acontecimento traumático não faz mais do que precipitar os conflitos neuróticos preexistentes. Conflito e trauma coexistem, e a exterioridade, no princípio alheia ao sujeito, partilha agora do espaço da interioridade.

A nova concepção de neurose, que coloca como nódulo central a produção da *fantasia inconsciente*, a *sexualidade recalcada* (uma sexualidade não somente referida ao orgânico, mas pertencente também ao campo do imaginário, produtor de desejos e libido) e o *conflito* passarão a explicar a origem da doença e a expressão do sintoma neurótico. O Édipo constitui-se, assim, na cena paradigmática da expressão do sexual, da fantasia, do conflito e do trauma; ele é a matriz de relação e o substrato de todas as relações futuras.

Embora a cena traumática real fique menos expressiva com essa nova cena edípica – também potencialmente traumática – ela não perde efetivamente sua força, assim como Freud não perde a esperança de encontrar um acontecimento real e datado.

Quando mais tarde nas "Lições introdutórias à psicanálise" (1916-17), lições XXII e XXIII, Freud reconsidera o sentido do trauma, e com ele o papel que o constitucional e a história de vida têm para o sujeito, o *trauma passa a ser integrado como fator acidental ao modelo das séries complementares*, partilhando com o componente disposicional (componente que inclui a constituição e a história infantil) a responsabilidade na explicação etiológica da neurose. Ambos os fatores – predisposição e traumatismo – variam em uma relação inversa, pela qual um importante incidente traumático precisa de pouca predisposição para ocasionar graves consequências, e uma predisposição precária, em termos de suportabilidade e defesas contra as excitações, requer pouco estímulo externo para que a neurose se instale (1916-7 [1917]; p. 2334 e p. 2345).

Com esse modelo, o que antes era estanque agora interage em diversas proporções: o endógeno e o exógeno, a fixação e a frustração, os fatores constitucionais e os acidentais. Pode-se pensar que a ideia do traumatismo que sobrevém em um segundo tempo é mantida, apresentando agora, também como primeiro tempo, o sexual pré-histórico, a fantasia, e os acontecimentos da história infantil.

Neurose traumática

A Primeira Guerra Mundial está em marcha, e suas consequências devastadoras farão inúmeras baixas no psiquismo humano. As neuroses de guerra recolocam a preocupação de Freud com o trauma, sob a forma da "neurose traumática".

Este conceito de "neurose traumática", presente no texto freudiano desde seus primeiros escritos, apesar de reafirmar sua importância com as neuroses de guerra e de ser um dos motivos principais para desenvolver, em 1920, a ideia de um "além do princípio do prazer", culmina sua presença na obra freudiana com um estatuto pobre e uma acepção incerta. Em 1938, no "Esboço da psicanálise", ao comparar a influência que os fatores da primeira infância têm sobre a neurose em geral e sobre a neurose traumática, Freud comenta: "Podemos falar com um bom grau de certeza sobre o papel desempenhado pelo período da vida. Parece que as neuroses são adquiridas somente na tenra infância (até a idade de 6 anos), ainda que seus sintomas possam não aparecer até muito mais tarde. A neurose da infância pode tornar-se manifesta por um curto tempo ou pode mesmo nem ser notada. Em todo caso, a doença neurótica posterior se liga ao prelúdio na infância. *É possível que aquelas que são conhecidas como neuroses traumáticas (devidas a um susto excessivo ou graves choques somáticos, tais como desastres ferroviários, soterramentos, etc.) constituam exceção a isto, suas relações com determinantes na infância até aqui fugiram à investigação* (1938; p. 3404).

Freud abre aqui um espaço para colocar não só a dúvida com respeito à importância dos fatores predisponentes (em especial a história do sujeito para o desencadeamento de uma neurose traumática), mas também para a possibilidade de se perguntar se os estados que sobrevêm em consequência de um traumatismo podem ser qualificados de neurose.

Se o que está em jogo na neurose é uma etiologia sexual: fixações, estancamentos e insatisfações da libido, frustrações amorosas, conflitos entre moções pulsionais e defesas, e o que está em jogo em seu sintoma é a expressão simbólica de um conflito psíquico, é necessário se perguntar pela similaridade, diferença e *qualidade do sexual, do conflito* e *do sintoma* na neurose traumática.

]Será que a neurose traumática como nomenclatura específica não faz sentido porque toda neurose tem algo de traumático e toda neurose traumática remete indefectivelmente a conflitos pretéritos, em que o traumatismo não seria mais do que o fator desencadeante de uma neurose corriqueira, o precipitador atual de uma estrutura subjacente? Ou, ao contrário, é necessário conservar sua especificidade porque ela nos traz algo novo, porque nos permite indagar por meio dos sonhos traumáticos, da repetição dos mesmos destinos, da compulsão repetitiva, sobre o campo possível do não sexual, da não libido, o campo que está fora do princípio do prazer, o campo dominado pela pulsão de morte? Se esta última fosse a opção escolhida, é justificado perguntar novamente pelos sintomas das neuroses traumáticas como expressão ou não de conflitos, como expressão ou não de fantasias e desejos, pelo papel da realidade material, pela importância que o impacto somático do acontecimento gera (tontura, confusão, alterações nos ritmos vitais, etc.) e também pelo tratamento dessa neurose; ou, melhor, pelo tratamento do que podemos chamar de *estados traumáticos* que poderiam derivar ou não em neurose.

Deixemos por enquanto em aberto essas questões, com o compromisso de retomá-las mais tarde, e continuemos pela trilha de Freud com respeito à caracterização dessa neurose.

Uma primeira referência sobre a neurose traumática é encontrada na nota necrológica que Freud escreve sobre Charcot, em 1893, na qual explica o tópico de interesse e dedicação do eminente neurologista e diz: "a investigação recaiu também com máxima amplitude sobre as enfermidades nervosas consecutivas a graves traumas; isto é, sobre as 'neuroses traumáticas', cuja natureza se discute ainda hoje, e com respeito às quais Charcot defendeu, com êxito, os direitos da histeria" (1893; p. 36). A histeria traumática e a neurose traumática nesse momento se indistinguem.

No mesmo ano, na "Comunicação preliminar", Freud já trabalha com essa categoria conceitual – neurose traumática – comparando suas manifestações com as do sintoma histérico. "Na *histeria traumática*, está fora de dúvida que é o *acidente* que provocou a síndrome... e em cada um de seus ataques [o paciente] vive de novo por alucinação aquele mesmo processo que provocou o primeiro..." (1893-95[1895]; p. 41, grifo meu). Embora o que caracterizará essa neurose é ter sido precedida por um forte choque, emocional ou mecânico, a causa dela não é a lesão corporal, mas o *sobressalto* ante um perigo para o qual não se está preparado (1893-95 [1895]; p. 42). Nesta relação causa-efeito – aparentemente resultante de um fator único – que se apresenta entre o incidente provocador e o sintoma, a histeria traumática e a neurose traumática mostram aspectos compartilhados. Ambas, por sua vez, se diferenciam da "histeria comum" pela presença, nesta última, não de um único grande trauma que desencadeia de imediato seus efeitos, mas de "vários *traumas parciais*, ou seja, de um grupo de motivações que, somente pela sua *acumulação*, poderiam chegar a exteriorizar um efeito traumático e cuja única conexão está em constituir fragmentos de um mesmo historial patológico" (*Ibid.*, grifo meu).

Laplanche e Pontalis (1968; p. 264), seguindo Freud, definem a *neurose traumática* como "um tipo de neurose na qual os sintomas aparecem consecutivamente a um choque emotivo, geralmente ligado a uma situação em que o sujeito sentiu ameaçada sua vida. Manifesta-se, no momento do choque, como uma crise de ansiedade paroxística, que pode provocar estados de agitação, estupor ou confusão mental."

Como podemos ver, o primeiro elemento dessa definição se aproxima da condição primeira da etiologia da neurose: um *acontecimento intenso* que, vindo de fora, produz um impacto emotivo e que, transformado em lembrança, gera, pela carga contida, o sintoma.

Um segundo componente dessa definição destaca o sentimento que tem o sujeito de sentir sua *vida ameaçada*. É a sobrevivência que está em risco, sobrevivência física ou psíquica que, ameaçada pelo *impacto de uma sobrecarga*, imobiliza o processo de resposta. O que acontece, pergunta-se Monique Schneider (1994; p. 16), para que, em certos casos, um ataque não possa ser seguido por um contra-ataque? A definição do traumatismo, diz ela, está ligada à concepção do fenômeno da descarga, que se encontra, por sua vez, relacionada ao mecanismo reflexo. A necessidade que o organismo tem de manter sua condição homeostática entre um interior e um exterior invasivo desperta a resposta defensiva imediata (descarga, ante as excitações internas, e a fuga ante as excitações externas). Na condição traumática, essa resposta falha, e com ela falha o princípio de constância[1] que assegura que o princípio do prazer (que busca a descarga e a satisfação imediata) impere. O núcleo do perigo é assim localizado no aumento do fluxo de excitação além do tolerável. "Quando uma liquidação do afeto não intervém, o acontecimento traumatizante permanece presente para o sujeito [e]... a agressão continua a habitar no sujeito..." (M. Schneider; p. 17).

---

[1] Princípio que se encontra na base da teoria econômica do funcionamento do aparelho psíquico. Pelo princípio de constância, o psiquismo procura manter a quantidade de excitação tão baixa ou tão constante quanto seja possível. Recordemos que até, 1924, data da publicação de *O problema econômico do masoquismo*, Freud entendia todo aumento de excitação como gerador de desprazer, e toda diminuição dela como prazerosa. A partir desta postulação, observa-se que há uma estreita relação entre o princípio de constância e o princípio do prazer, relação que, a partir da data mencionada, perde força quando Freud coloca em evidência as tensões prazerosas.

O terceiro elemento da definição alude à *reação fisiológica* que o impacto desencadeia, que impede organizar a resposta de luta ou fuga e, então, paralisa.

Excesso, surpresa, sobressalto, congelamento da energia, bloqueio, paralisia, ameaça à vida são os nomes que, neste momento, designam a condição essencial do traumático.

O tema da "neurose de guerra", discutido com interesse no Quinto Congresso Psicanalítico de Budapeste, em setembro de 1918, reimprime vitalidade à primeira concepção econômica do trauma e recoloca questões sobre a origem do sintoma da neurose traumática. Em resumo, o sintoma da "neurose de guerra" (embora sintoma e embora neurose) permite duvidar se a sua elaboração conta com a participação da libido sexual, do conflito psíquico e do desejo sexual.

A *neurose traumática e suas relações com a neurose de transferência*

Em "Introdução ao simpósio sobre as neuroses de guerra" (1919b), Freud tenta precisar aspectos que diferenciam as neuroses traumáticas das neuroses de transferência e conclui que toda neurose é uma "neurose traumática elementar" e que toda repressão é uma resposta ante o trauma. No entanto, não fica totalmente claro se as neuroses de transferência e as neuroses traumáticas (entre as quais uma modalidade é a "neurose de guerra") remetem a um mecanismo e a fontes de produção idênticos.

Trata-se aqui de entender o parentesco entre ambas neuroses, sem ter necessariamente de concluir ora pela inexistência de uma especificidade das neuroses traumáticas[2], ora pela ideia de que aqueles quadros que aparecem como consequência de um impacto, susto ou acidente não são neuroses.

Embora Freud diga que a teoria da neurose não pode ser comprovada nas "neuroses de guerra", atribuindo a estas últimas uma característica singular, acrescenta que são propiciadas por um conflito *egoico* "... entre o antigo *ego*[3] pacífico do soldado e seu novo *ego* guerreiro, agudizando-se o conflito no instante em que o *ego* pacífico vê claramente o perigo de morte, para onde o arrastam as aventuras de seu novo 'duplo' parasitário. Com idêntica propriedade – continua Freud –, "pode-se dizer que o antigo *ego* se protege contra o perigo de morte pela fuga em direção à neurose traumática" (1919b; p. 2543).

Assim como toda neurose de guerra é uma neurose traumática, cabem também nesta última denominação outras formações neuróticas – "neuroses traumáticas em tempo de paz" – não adquiridas pela guerra, que sobrevêm como consequência de sustos ou acidentes e que não parecem remeter nem a um conflito entre o *ego* e as pulsões eróticas (como nas

---

[2] Porque toda neurose, por definição, incluiria e só incluiria a participação dos mesmos mecanismos de produção de neurose: conflito e caráter sexual, e seus sintomas a expressão simbólica de um conflito.

[3] Gostaria de assinalar que não foi feita neste livro uma distinção entre "*ego*", "eu" e "*self*", razão pela qual esses termos serão usados indiscriminadamente. Somente no capítulo 3 será citado um parágrafo no qual Winnicott nos localiza a respeito da relação que estabelece entre os termos "*ego*" e "*self*".

neuroses de transferência) nem a um conflito no *ego*, tal como se mostra nas neuroses de guerra. Nesse sentido, dirá Freud, a neurose traumática, assim como a demência precoce, a paranoia e a melancolia – nessa época, todas neuroses narcisistas –, não são uma boa demonstração da teoria da libido nem da eficácia da técnica analítica.

No entanto, há um elo entre todas essas modalidades neuróticas pelo conceito de libido. A sexualidade, entendida mais amplamente, inclui a "libido narcisista", energia sexual que investe o *ego*. Portanto, mesmo quando o conflito ocorre no interior do *ego*, o que está em jogo são forças libidinais. Nesse sentido, pode-se pensar que as neuroses traumáticas, pela estreita relação que mantêm entre o medo, o susto e a libido narcisista, têm aspectos comuns e de pertinência com as "neuroses narcisistas".

Para Freud, as "neuroses de guerra" e as "neuroses traumáticas em tempos de paz" diferenciam-se das neuroses transferenciais porque, enquanto as primeiras são reações ante o perigo de morte, as segundas fazem frente às frustrações da libido. No entanto, todas têm em comum "... o temor do *ego* ante a possibilidade de experimentar um dano" (*Ibid.*, p. 2544), ou seja, ambas são reações ante um perigo: as primeiras, ante um perigo que vem de fora, enquanto as segundas, as neuroses transferenciais, diante de uma ameaça interna, ou seja, ante as exuberâncias da libido.

Como vemos, a possibilidade de uma única condição explicativa para todas as neuroses permanece distante. Como diz

Freud, nesse mesmo texto, a teoria libidinal nasce da clínica das neuroses transferenciais, e é no interior dela que encontra seu sentido, insinuando, assim, a necessidade de novos elementos teóricos que possam explicar o campo das neuroses não transferenciais, bem como novos recursos técnicos que transformem o sofrimento humano.

"Além do princípio do prazer": uma explicação para a neurose traumática

O texto "Além do princípio do prazer", publicado em 1920, um ano depois do anteriormente citado sobre o "Simpósio das neuroses de guerra", lança novos elementos para a compreensão do funcionamento psíquico, tendo como corolário novas ideias sobre o trauma, sobre a neurose traumática, sobre a compulsão à repetição e a formulação de uma nova dualidade pulsional: as pulsões de vida e de morte.

Como é possível, indaga Freud nesse texto, conciliar o funcionamento do princípio do prazer, até então princípio regedor do funcionamento psíquico, com experiências repetitivas desprazerosas que reatualizam de forma insistente o acontecimento traumático?

O princípio de realidade que frustra (embora proporcione prazer atenuado e diferido) e o conflito (que faz com que uma instância sinta como desprazerosa o prazer da outra) são dois motivos que explicam, parcialmente, por que o princípio do prazer se frustra, mas também se impõe. Nesse caso, o desprazer sofrido não é mais do que a contrapartida, em um sujeito cindido pelo conflito, do prazer sentido. Nem o prazer completo, mas também, para consolo, nem o desprazer completo são possíveis. Eles coabitam, como mais tarde coabitarão as pulsões de vida e morte, em um campo de forças que, como diz Garcia-Roza (1986), se estruturam em termos de figura-fundo, em que não há prazer senão em relação a um desprazer e vice-versa, nem há pulsão de vida sem a experiência da pulsão de morte.

O excesso de excitação é também um motivo para que o princípio do prazer (além de dar início à sua função) fracasse, impedindo que a energia do aparelho psíquico se mantenha estável. Por isso é possível dizer que a *falha do princípio do prazer e de constância encontra-se na base da teoria econômica do trauma.*

No citado texto de 1920, verdadeiro tratado sobre os avatares biológicos e energéticos das origens do funcionamento psíquico, Freud nos introduz na problemática do trauma, a partir da evidência de que existem manifestações repetidas do sujeito que não parecem acompanhadas de prazer, mas de sofrimento. Por que alguém repete um acontecimento penoso, traumático e sofrido e não algo prazeroso? Como justificar, questiona Freud, um princípio do prazer com uma modalidade de funcionamento que reitera de forma compulsiva experiências desprazerosas? Se o princípio do prazer reinasse, seria de se esperar que a maior parte dos nossos atos pudesse estar acompanhada de prazer, ou conduzir a ele, no entanto, inúmeras situações da vida parecem contradizer esse princípio.

"Existe efetivamente na alma forte tendência ao princípio do prazer, mas a esta tendência *se opõem outras forças* ou estados determinados, de tal forma que o resultado final não pode corresponder sempre a este princípio". (1919-1920 [1920]; p. 2508, grifo meu).

Freud tenta destrinchar as reações do sujeito, nas quais a vigência do princípio do prazer parece claudicar ante o perigo externo, introduzindo-nos, por seu intermédio, no problema das "neuroses traumáticas". Embora considere o tema "obscuro e sombrio", define as *neuroses traumáticas*, como em parte já vimos, como um quadro que surge depois de fortes comoções mecânicas, como choque de trens ou outros acidentes, nos quais existe um *real perigo de morte*. Pelas suas manifestações, aproxima-se da histeria, mas diferencia-se dela pela intensidade do padecimento subjetivo – similar aos dos melancólicos e hipocondríacos – e por apresentar duas condições que lhe são próprias: a intervenção do fator surpresa e a curiosa diminuição do desenvolvimento da neurose quando se produz uma ferida (*Ibid.*)[4].

---

[4] No mesmo texto, levando em conta as vicissitudes da distribuição da libido, Freud (1920) reafirmará esta ideia não só para as neuroses traumáticas: "... a ferida simultânea liga o excesso de excitação ao órgão ferido pela intervenção de uma sobrecarga narcisista... perturbações tão graves da distribuição da libido, como a melancolia, são interrompidas temporariamente por uma enfermidade orgânica concomitante, e até a *dementia precox* em seu total desenvolvimento pode experimentar em tais casos uma melhora passageira" (p. 2523).
Neste trecho, Freud parece afirmar implicitamente a presença de uma única energia, a sexual, produtora dessas oscilações no psiquismo e corpo.

Partindo da vesícula, como constructo hipotético da forma viva mais elementar, Freud vai incursionar nos primeiros estágios de formação e preservação da vida e construir um modelo a partir do qual será possível teorizar sobre o trauma. Fala primeiro da superfície da vesícula que, voltada para o mundo exterior e funcionando como um órgão receptor das excitações externas, vai formando uma crosta que recebe os estímulos externos e dá-lhes passagem sem sofrer modificações. Essa capa externa, calcinada, inundada pelas excitações, perde a estrutura própria do vivente, constituindo-se em um "dispositivo protetor contra as excitações". "A capa exterior", dirá Freud, "protege com sua própria morte todas as outras capas mais profundas", tornando-se assim uma "espécie de morte que protege a vida". No entanto, quando o aumento da excitação não pode ser contido e atravessa a barreira de proteção, produzem-se as experiências traumáticas. "*Aquelas excitações procedentes do exterior que possuem suficiente energia para atravessar a proteção são as que denominamos traumáticas*" (*Ibid*., p. 2521, grifo meu). Mediante uma estimulação muito intensa, o princípio do prazer fracassa, e outras formas de ação serão requeridas para dominar o excesso. O protótipo do trauma está aqui localizado na experiência do nascimento: do nascimento do universo, do orgânico, da vesícula viva, do humano. O inanimado ressente-se com a perturbação da vida e compulsivamente tentará o retorno à placidez do inorgânico. Dessa forma, surge a primeira força, o primeiro instinto que tenderá à dissolução de toda vida, dos excessos, do trauma:

um instinto seria assim, para Freud, "... uma tendência própria do orgânico vivo à reconstrução de um estado anterior, que o animado teve de abandonar sob a influência de forças exteriores, perturbadoras; uma espécie de elasticidade orgânica, ou, se se quer, a manifestação da inércia na vida orgânica" (*Ibid.*, p. 2525). Sobre esse movimento, funda-se a *compulsão à repetição* como forma de *dominar o excesso de excitação provocado pelo trauma.* O trauma, sem poder ser processado pelo acúmulo de energias, apega-se ao movimento primitivo da repetição, anterior e independente ao funcionamento do princípio do prazer, ficando, portanto, alheio à intenção de evitar o desprazer ou buscar o prazer.

O *trauma* seria, assim, a consequência do *excesso de excitação*, "do *rompimento da proteção* que defende o órgão anímico contra as excitações" (*Ibid.*, p. 2522); do *resultado da liberação de muita energia livre* dentro de um sistema com escassas reservas de energia quiescente (ligadas), do *fracasso na ligação*[5]; e da *falha da ação da defesa* e da *angústia- sinal*, que deixa o campo livre para o impacto desorganizador da surpresa, do susto e da sensação do perigo de morte.

Portanto os destinos repetidos, os sonhos traumáticos, as brincadeiras que colocam o sujeito *de volta à situação do acidente, do trauma*, não são movidos nem pela busca do prazer nem pela evitação do desprazer, mas pela tentativa de *dominar o estímulo.* Trata-se de processar psiquicamente as intensidades

---

[5] Ligar é limitar o fluxo de energia livre, é oferecer representações e uni-las entre si, a fim de operar conforme regras do processo secundário.

não descarregadas dos acontecimentos, que permanecem ocupando, pela fixação e pela inconclusão, o primeiro plano.

Fixação, repetição, princípio do prazer e pulsão de morte na neurose traumática

O trauma da neurose traumática reaparece no sonho, e o sonho da neurose traumática interpela a teoria. Como é possível ver nesses sonhos torturantes, que repetem intermitentemente a cena do acidente, a realização de um desejo inconsciente?

Talvez, diz Freud, o sonho também tenha sido perturbado pelo trauma ou, quem sabe, pode estar sendo objeto de tendências masoquistas. O enfermo, acrescenta, se encontraria *fixado*[6] às experiências infantis, assim como se fixa ao trauma.

Laplanche e Pontalis (1968) chamam a atenção para a relação que o termo fixação mantém com os processos mnêmicos e assinalam que Freud entende por aquele conceito uma verdadeira inscrição de marcas mnêmicas, que deveriam poder "traduzir-se" de um sistema a outro.

O conceito de fixação enriquece a compreensão do trauma. *O trauma impede as transcrições*; a liquidação das excitações

---

[6] O conceito de fixação é antigo na teoria. Em seus primeiros textos, Freud já falava de uma "fixação ao trauma", no sentido de estar fixado à lembrança do acontecimento. Mais tarde, e a partir de 1905, com a escrita dos "Três ensaios sobre a sexualidade infantil", Freud relaciona a fixação com a libido: fixação a um modo repetido de satisfação, associado ao prazer, às vezes traumático.

não acontece, produzindo-se uma sobrevaloração do acontecimento pelo acúmulo das excitações da vivência. A libido fica presa, soldada, sem mobilidade, sugada pelo trauma; associada quase que por inteiro, consciente e inconscientemente à cena traumática. A libido não flui, não se desprende e, portanto, não fica livre na direção de novas conexões e investimentos.

A fixação ao trauma, reafirmada novamente no "Além do princípio do prazer", converte-se em um ilustrado exemplo do misterioso funcionamento psíquico que, embora empenhado no prazer e na constância, se liga ou se fixa paradoxalmente a um modo de funcionar que mantém a repetição e o excesso.

Se, por um lado, parece claro que a neurose traumática não contempla o princípio do prazer quando repete a situação traumatizante que teme, não fica igualmente claro que força a promove, que força imporia a repetição do trauma em vez de esquecê-lo.

Quatro anos antes do texto mencionado, em 1916, no artigo "Vários tipos de caráter descobertos na tarefa analítica", Freud chama a atenção para certo tipo de atos, acontecimentos e desenlaces que, à semelhança dos sonhos traumáticos, não pareciam estar impulsionados pelo princípio do prazer. Observava que, na situação analítica, muitas vezes, o paciente resiste aos esforços do médico, ficando mais propenso ao sofrimento, a repetir o trauma, do que à obtenção de melhoras e gratificações. "Assim, pois, diz Freud, ficamos surpreendidos e até desconcertados quando, em nossa prática médica, descobrimos que há também quem fica doente precisamente quando se há cumprido um desejo profundamente fundado e longamente acariciado. É como se estes pacientes não pudessem suportar sua felicidade..." (1916-7 [1917]c; p. 2416)[7].

Na seção "Os delinquentes por sentimento de culpa", desse mesmo artigo, Freud ilustra ações que não poderiam, a princípio, obedecer a nada prazeroso, insinuando que outras forças, menos conhecidas, pudessem conduzir o delinquente a cometer atos que mereceriam repulsa e castigo. No entanto – e talvez fora do propósito inicial – mostra como o delinquente, parecendo funcionar distante do princípio do prazer (ao buscar o castigo para expiar uma culpa), parece obedecer-lhe. É importante sublinhar que a expressão "princípio do prazer" faz referência a um princípio econômico, que nem sempre guarda relação com a ideia qualitativa de prazer, mas com a diminuição ou constância das tensões. Portanto, quando Freud nos diz no mesmo texto que "o sujeito sofria de um penoso sentimento de culpa de origem desconhecida e, uma vez cometida uma falta concreta, *sentia mitigada* a pressão do mesmo" (*Ibid.*, p. 2430, grifo meu), ele fala do êxito do princípio do prazer, com o qual a punitiva consciência moral obtém prazer e consolo[8].

---

[7] Mais tarde, em vários textos e especialmente em "O *ego* e o id" (1923), Freud vai desenvolver o conceito de "reação terapêutica negativa" para tentar explicar uma das resistências mais acirradas ao tratamento, razão pela qual, cada vez que se espera uma melhora, tem lugar um agravamento (Laplanche e Pontalis, 1968; p. 364).

[8] Freud deixa para a filosofia e a psicologia a possibilidade de definir qualitativamente as sensações de prazer e desprazer e reserva – ou limita – para a psicanálise a referência econômica. Desprazer para uma instância sabemos que pode significar prazer para uma outra e, portanto, um certo desprazer nada argumenta contra a vigência do princípio. O encontro do prazer nem sempre parece corresponder

Novamente em "Além do princípio do prazer", Freud ilustra com as brincadeiras infantis outro exemplo do fracasso do princípio do prazer, na função organizadora do funcionamento psíquico. Como pode, reitera, conciliar o princípio do prazer com a repetição na brincadeira de uma cena penosa? *A pulsão de domínio*[9], *o impulso de vingança*[10] e *a tentativa de elaborar psiquicamente o acontecimento por meio de ligações* são três motivos que podem explicar a repetição, sem contudo esclarecer se obedece ao princípio do prazer ou a outro princípio.

Embora os exemplos citados, respostas ante o traumático, possam ser a expressão do princípio do prazer[11], também podem ser sinal de outros impulsos, como o de domínio, que parecem se expressar de forma anterior e *independente* do princípio do prazer. É assim que Freud conclui, não sem

---

ao princípio, e o não prazer nem sempre fica fora dele. Embora uma definição econômica do princípio do prazer ganhe em precisão, em termos de um contínuo desprazer-prazer que corresponde a um contínuo numérico (aumento-diminuição), ela perde em clareza. É oportuno lembrar que originalmente o princípio foi designado como "princípio do desprazer": "O aparelho psíquico vem regulado para evitar ou descarregar a tensão desprazerosa... a motivação é o desprazer atual, e não a perspectiva do prazer" (Laplanche e Pontalis, 1968; p. 308).

[9] Recriar a cena para dominá-la ou, em outras palavras, a mudança da posição passiva vivida na cena real, para a posição ativa a ser vivida na cena representada.

[10] Fazer o outro sofrer o que ele sofreu, como no exemplo do jogo do carretel no qual a criança, ao reproduzir o abandono da mãe parece dizer: "Pode ir embora, não preciso de você, sou eu mesma que te deixo" (1919 [1920]; p. 2512).

[11] Seja porque exercitam o controle simbólico (pela mudança de posição), seja porque respondendo vingativa e ativamente buscam uma descarga (jogam os brinquedos que representam as pessoas odiadas), ou porque atendem à instância *superegoica* que exige castigo (como certos delinquentes) ou às necessidades masoquistas do prazer no sofrimento (como na reação terapêutica negativa, ou nos que "fracassam ao triunfar").

certas dúvidas que "... o impulso a elaborar psiquicamente algo impressionante, conseguindo desse modo o seu total domínio, pode chegar a manifestar-se *primariamente e com independência do princípio do prazer*" e, referindo-se à citada brincadeira, continua, "... a única razão para que a criança repetisse como brincadeira uma impressão desagradável era a de que à *dita repetição* se enlaçava um *prazer de distinto gênero*, porém mais direto" [1919-1920 (1920); p. 2513, grifo meu].

Se não é o prazer do princípio do prazer que estimula a repetição do traumático, de que prazer "de distinto gênero" se trata? Qual é a relação dessa repetição com o princípio do prazer e como se comporta em relação a este "outro" prazer ou princípio?

A repetição pode ser pensada em uma dupla vertente[12]: a) a partir da *repetição* dos conteúdos recalcados que aparecem na transferência[13], tentativas de gratificação e elaboração de situações insatisfatórias e inconclusas, que obedecem ao princípio do prazer, ao desejo, à conservação da ilusão de uma unidade sempre em risco de ser perdida e às pulsões de vida (que encontra sua teorização mais depurada no texto de 1914, "Recordar, repetir e elaborar"); e b) a partir da *compulsão*

---

[12] Freud não faz esta distinção que nos parece pertinente e organizadora entre a repetição de 1914 e a compulsão à repetição, que se apresenta de forma mais clara em 1920. Para uma apresentação mais extensa sobre essa diferença ver Alcimar Alves de Souza Lima (1997).

[13] A que corresponde a repetição do recalcado e da qual Freud nos fala na "Dinâmica da transferência"(1912), quando diz que a transferência se alimenta das necessidades eróticas não satisfeitas, pela qual o sujeito orientará as representações libidinosas diante de toda nova pessoa (1912; p. 1648).

repetitiva, repetição a serviço das *vivências traumáticas*, do desbordamento excitatório, pulsional, que busca ligar a energia e que também, pensamos, se expressa na relação terapêutica, não sob a forma da transferência (que exige o deslocamento dos afetos, dificultado aqui pela posição narcísica em que o sujeito traumatizado se encontra e pela consequente falta de mobilidade da libido), mas sob a forma do *ato* e da *identificação projetiva*. Essa repetição não responde ao princípio do prazer[14] nem à realização do desejo, mas à *necessidade primária de controlar o estímulo*. Para Freud, a compulsão à repetição, presente no trauma e na neurose traumática, segue o movimento da pulsão de morte: da redução completa das tensões, do regresso ao estado inorgânico, da não ligação, do não prazeroso, do não sexual. Podemos pensar que há traumas que se localizam na ordem da *repetição*, que trazem com o retorno do recalcado um movimento "progressivo" na busca da satisfação, do prazer e do desejo, e outros que se localizam na ordem da *compulsão repetitiva*, trazendo um movimento "regressivo" na busca do retorno a um estado anterior de sossego, desejado e perdido.

---

[14] Freud mostra uma grande preocupação e, ao mesmo tempo, dificuldade em relacionar as pulsões com os princípios do funcionamento psíquico. O próprio título do texto de 1920 já é sugestivo dessa preocupação. O que está nos contornos do princípio do prazer e o que está "além" dele? Nesse trabalho, Freud vai falar que o "princípio do prazer parece se encontrar a serviço dos instintos de morte à medida que ambos buscariam a diminuição total das tensões. No entanto, essa ideia muda quando Freud desfaz, em especial no "O problema econômico do masoquismo"(1924), a simples combinatória pela qual o aumento de excitação equivale ao desprazer, e o prazer à diminuição das excitações, quando reconhece as tensões prazerosas.

Em "Recordar, repetir e elaborar" (1914a), Freud dirá que o paciente não lembra coisa alguma do que esqueceu ou recalcou, mas passa a vivê-lo de novo com o analista. No lugar de representar, o paciente repete. "Não o reproduz como lembrança, mas como ato; repete sem saber que o está repetindo" (1914a; p. 1684). São as frustrações amorosas, as cicatrizes narcísicas deixadas pelas humilhações no interior da conflitiva edípica que se repetem na transferência buscando novos desenlaces e novos objetos para ligar a libido. Embora muitos dos conteúdos da repetição provoquem mal-estar ao *ego*, por serem eles mesmos presença ou derivados do recalcado, a repetição traz, também em si mesma, o prazer das pulsões. Prazer para uma instância e desprazer para outra, sem contradizer o princípio do prazer e ficando a seu serviço.

No entanto, na compulsão repetitiva, parece que é o desprazer[15], ou o "prazer de outra ordem", alheio ao princípio do prazer, que a motiva, "... conhecemos, diz Freud, indivíduos nos quais toda relação humana chega a igual desenlace: filantropos aos quais todos os seus protegidos, por diferente que seja seu caráter, abandonam irremediavelmente com enfado depois de um certo tempo, parecendo assim destinados a saborear todas as amarguras da ingratidão; homens para os quais toda amizade acaba com a traição do amigo, pessoas que repetem

---

[15] É interessante notar que prazer e desprazer fazem parte do princípio do prazer e, embora em alguns momentos Freud aproxime este princípio à pulsão de morte, concluirá que ele está a serviço das pulsões de vida: "o princípio do prazer representa a aspiração da libido"(1924b; p. 2753).

várias vezes na vida o fato de elevar alguém como autoridade acima de si mesmas, ou publicamente, a outra pessoa, para depois de algum tempo derrocá-las, elegendo outra em seu lugar; amantes cuja relação com as mulheres passa sempre pelas mesmas fases e chega ao mesmo desenlace" (1920; p. 2516). Com esses exemplos, Freud aponta para essa outra repetição que, sem obedecer ao princípio do prazer, mas a serviço de uma "influência demoníaca", se expressa de maneira desprazerosa, conservadora e compulsiva.

Na instalação do trauma, a excitação que deveria ter tomado o caminho da representação, da ligação, ficou presa no circuito incessante das excitações sem forma. Por isso *o trauma não fala, se faz sentir e atua*. O que ele repete não é uma representação, mas uma percepção sem palavra.

Como vimos, o trauma coloca em questão a hegemonia do princípio do prazer. *A dor e o sofrimento deixam de ser um mero sinal de alarme para se constituírem num fim em si mesmos.* O sujeito repete para sofrer em nome do *superego*, do masoquismo moral (que poderia ainda ser pensado sob a ação do princípio do prazer), ou repete sofrendo atraído pela excitação sexual fundada na dor?

Em "O problema econômico do masoquismo" (1924), Freud tenta explicar a tendência a persistir na dor, no sofrimento, no trauma, pelo fenômeno do masoquismo.

No trabalho de 1924, Freud localiza o masoquismo em um primeiro tempo inicial e anterior à ação da libido sobre a realidade externa. Distingue nesse texto três formas de masoquismo:

o *erógeno*, o *feminino* e o *moral*. O primeiro (explicado por causas biológicas e constitucionais) oferece a condição do prazer na dor, ou melhor, da fixação. A segunda forma, o masoquismo *feminino* (denominado assim por apresentar características da feminilidade: ser castrado, suportar o coito ou parir, e por despertar fantasias que mais tarde se expressarão plasticamente em cenas perversas: ser amordaçado, maniatado, golpeado, ou sofrendo qualquer outro tipo de maus-tratos e humilhações). E o masoquismo *moral* (embora Freud diga que apresenta uma relação menor com a sexualidade[16]) apresenta relações mais claras com o princípio do prazer pela satisfação do sentimento inconsciente de culpa ou da necessidade de castigo. Na situação terapêutica, Freud diz que esse tipo de masoquismo se apresenta como uma das resistências mais severas ao tratamento, pela qual cada vez que se espera uma melhora se produz uma piora: "Aquelas pessoas em que o sentimento inconsciente de culpa entranha uma intensidade predominante o delatam na análise com a reação terapêutica negativa, de tão ingrato prognóstico. Quando lhes comunicamos a solução de um sintoma para a qual deveria seguir uma desaparição, pelo menos temporal do sintoma, observamos, pelo contrário, uma intensificação do sintoma e da doença" (1932 [1933]; p. 3163). Com essa observação,

---

[16] É interessante assinalar que, quando Freud diz que este fenômeno tem uma relação menor com a sexualidade, está insinuando proporções diferentes em que as duas pulsões se combinam nele destacando, assim, de maneira mais acentuada, o componente da pulsão de morte. Essa posição se vincula à ideia do intrincamento pulsional pela qual Freud entende que "...os instintos de agressão não aparecem nunca isolados, mas em relação com os eróticos" (Conferência XXXII, 1932 [1933]; p. 3163).

Freud quer mostrar como o sofrimento satisfaz a culpa. O masoquismo moral alude às relações de um *ego* submetido a um *superego* rigoroso, despótico, vigiante e punitivo. Embora Freud fale que o sentimento de culpa corresponde a um "retorno do sadismo contra a própria pessoa, que se apresenta regularmente em ocasião da *subjugação cultural dos instintos*" (1924b; p. 2758), ele diz também que é possível duvidar que seja só o *superego* (pela consciência moral) que veicule esta agressão e a oriente depois contra o *ego*. Pode ser, acrescenta, que uma parte dessa agressão desenvolva sua ação no *ego* e no *id* como pulsão de destruição independente da ação da instância *superegoica*. Nesse caso, a agressão masoquista procederia da pulsão de morte e corresponderia a uma parte dessa pulsão que "eludiu ser projetada para o mundo exterior" impedindo-se de usar, na vida, parte de seus componentes pulsionais destrutivos e intensificando, assim, o sadismo contra o *ego*, ou seja, o masoquismo. "O sadismo do *superego* e o masoquismo do *ego* se complementam mutuamente e se unem para provocar as mesmas consequências" (*Ibid.*, p. 2758). O masoquismo moral, pela participação que tem tanto o componente libidinal como o destrutivo, é testemunho da mistura ou fusão das pulsões, pelo que a destruição do sujeito por si próprio não tem efeito sem um componente erótico.

É interessante lembrar que Freud atribui à pulsão de morte uma energia que não é a energia sexual[17] e que, embora

---

[17] Carecemos de termo análogo à libido para designar a energia do instinto de destruição (1938; p. 3382).

NEUROSE TRAUMÁTICA

considere que a libido insatisfeita, que busca a realização do desejo, que determina os processos inconscientes, tais como o sintoma, os atos falhos, os sonhos, também é possível considerar que *é a intensidade da excitação e não só o desejo que ativa os processos*. Isso justificaria pensar em sonhos que, obedecendo ao excesso de uma sobrecarga, podem estar determinados pelo desejo, mas também pelo trauma.

No quarto capítulo de "Além do princípio do prazer", de cunho especulativo, como o próprio Freud nos comunica, encontramos importantes referências sobre o conceito de trauma e o tema da neurose traumática como eixo dessas reflexões.

Com a exploração acerca do arcaico, Freud tenta entender o que está na origem da vida da matéria animada, mas também na origem da compulsão à repetição e na origem do trauma. Se o propósito do artigo era interrogar, à luz das experiências humanas sofridas e desprazerosas, sobre os limites do princípio do prazer, Freud encontrará, na compulsão à repetição e no trauma, algumas respostas. O trauma teorizado no "Além do princípio do prazer" questiona a dinâmica psíquica orientada basicamente pelo princípio de constância, pelo seu subsidiário princípio do prazer[18] e pelo desejo inconsciente.

---

[18] O princípio do prazer é um dos termos da psicanálise tão rico quanto confuso. Freud nunca esclarece totalmente se o que denomina com este princípio corresponde a uma manutenção da constância do nível energético, a um funcionamento com o nível o mais baixo possível, ou a uma diminuição total das tensões. Embora em vários textos o princípio do prazer e o de constância sejam equivalentes – e neste texto o utilizei dessa forma –, em "Além do princípio do prazer", sugere-se que o primeiro se encontra em oposição ao princípio de constância, enquanto este corresponde ao fluxo de energia ligada e o princípio do prazer ao fluxo livre. A partir dessa colocação, em que só parece restar ao princípio do prazer a tendência

Nascimento: a matriz do trauma e a experiência original da angústia

As primeiras marcas traumáticas são a matéria-prima dos primeiros recalques (recalque originário) e, nesses recalques, a força da filogênese e dos primeiros traumas convergem.

Otto Rank coloca no momento do nascimento a situação protótipo da reação de angústia e do trauma. O bebê, ante às necessidades de ter de dominar quantidades extraordinárias de excitação provenientes do indiscriminado exterior e interior do organismo, reage com intensa angústia. Embora Freud carregue esta situação de um valor inestimável como "... a primeira experiência angustiosa individual [que] parece haver prestado à expressão do afeto da angústia traços característicos" (1925 [1926] p. 2837), não considera que, em toda situação de angústia, se reproduza algo equivalente à angústia do nascimento, relativizando, até mesmo, seu impacto.

Se, por um lado, como Lucia B. Fuks (1999) coloca, "o modelo freudiano do traumatismo é o da separação do objeto

---

a uma descarga total das tensões, Freud se pergunta se o princípio do prazer não estaria a serviço da pulsão de morte, buscando só descargas, ou seja, a satisfação pelos caminhos mais curtos. No entanto, se isso fosse tão claro, a necessidade de introduzir nesse texto um princípio que tendesse também à "supressão das tensões das excitações internas", como o princípio do nirvana, não seria justificado. E, mais ainda, se isso fosse tão claro, talvez nem seria necessário postular uma pulsão de morte que teria como atributos essenciais características próprias do princípio do prazer como a não ligação, ou a redução das tensões a zero. Onde há trauma, o princípio do prazer para, não se organiza ou nem começa, o autismo poderia ser um exemplo.

primordial (materno), perdido desde sempre e impossível de reencontrar..." Freud dirá também que não é propriamente a separação no nascimento o substrato primeiro do trauma, "... o nascimento não é sentido subjetivamente como uma separação da mãe, pois ela é desconhecida como objeto pelo feto, totalmente narcisista" (1926; p. 2859). Portanto, a relação entre angústia, trauma e nascimento não está clara. "A *situação traumática da ausência da mãe*, dirá, difere num ponto decisivo da *situação traumática do nascimento*, nesta última não existia objeto nenhum do qual pudesse sentir a falta" (*Ibid.*, p. 2882, grifo meu). Mais tarde, repetidas situações de satisfação que a mãe oferta originam na criança a sensação da necessidade em relação a esse objeto protetor materno. O bebê passa a desejar sua presença, cuja ausência produzirá angústia e dor. "A dor[19] é, pois, a verdadeira reação à perda do objeto, e a angústia, a verdadeira reação ao perigo que tal perda traz consigo" (*Ibid.*, p. 2882). Mas ali onde a natureza dessa angústia reaparece, se esboça a angústia traumática, angústia ante o desamparo, a morte, muito mais incisiva do que a posterior angústia edípica, angústia diante da perda do amor do objeto ou daquela proveniente do *superego*, da consciência moral.

A situação do nascimento pode não trazer a angústia da perda do objeto, mas traz a angústia da perda de uma homeostase, produzindo uma desestabilidade fisiológica similar àquela

---

[19] É interessante assinalar que Ferenczi, quando fala da dor do trauma, fala de uma dor localizada fora do circuito do prazer, sem conteúdo de representações e, portanto, inatingível posteriormente pela consciência.

que reaparecerá nos estados de angústia posteriores, em que funções básicas desempenhadas pelos órgãos respiratórios e do coração são atingidas. Enquanto a reação de angústia, que se inscreve com toda a sua dimensão com a perda do objeto, já comporta um aspecto subjetivo (um aumento de excitação associado a uma qualidade afetiva, aos perigos da libido, à história da criança, à ativação da angústia-sinal), a primeira reação do bebê no nascimento mostra os indícios de uma "angústia automática", ativada pela preparação congênita dos dispositivos para reagir ante os perigos reais.

A situação traumática pode trazer à tona os dois perigos: o exterior e interior, o perigo real (perigo conhecido), que desperta a presença de uma angústia real, e o perigo da pulsão (pouco ou nada cognoscível), que aparece na angústia neurótica.

Podemos pensar que o trauma reaviva o poder da filogênese, das protofantasias, da inexorabilidade do destino da natureza humana, a força da cultura que permite a progressão e o convívio em troca do trauma. Freud mostra que a literatura nos impõe o confronto, a estupefação e a condenação dos dramas universais da humanidade, singularizados em cada sujeito. A tragédia – composta pelos desejos incestuosos, aqueles que, assumidos, privariam da passagem da endogamia para a exogamia material e psíquica, condição para o despertar das sociedades – se atualiza em cada tentativa de separação da unidade original mãe-filho.

Até os últimos textos, Freud continua a indagar-se sobre a neurose traumática, sem abandonar jamais o conceito de trauma e tornando-o cada vez mais potente e independente do anterior. O trauma, para Freud, não deixará nunca de encontrar sua expressão mais clara na conflitiva edípica, em que a criança "... sob a influência do complexo de castração, sofre o trauma mais poderoso de sua existência" (1938 [1940]; p. 3407).

Considerações sobre o trauma: dois exemplos

Em "Dostoievski e o parricídio", texto de 1927, escrito depois de longos anos de escassas exemplificações, Freud levanta duas hipóteses sobre as possíveis causas dos ataques epiléticos padecidos por esse novelista russo: epilepsia orgânica ou epilepsia afetiva? Chamará logo a atenção sobre um acontecimento comocional que precede à manifestação dos ataques epiléticos: o assassinato do pai. Freud dirá que a psicanálise "... tende a ver nesse o *trauma* mais grave e na reação de Dostoievski, a pedra angular de sua neurose" (1927[1928]; p. 3007).

Vai-se construindo, assim, uma argumentação que encadeia o sintoma neurótico ao evento traumático, assim como também Freud encadeia o assassinato do pai em "Os irmãos Karamazov", novela de Dostoievski, ao assassinato do pai do autor.

Depois de referir-se a Dostoievski como poeta, neurótico, moralista e pecador, Freud pergunta-se pela combinatória de seus aspectos sádicos, destrutivos, violentos e assassinos, manifestados ora na temática de sua literatura, ora em seus atos (na adição ao jogo ou no abuso de uma moça impúbere, por exemplo); e pelos aspectos masoquistas que encontram expressão em um homem visivelmente "... benigno, bondoso e auxiliador" (*Ibid.*, p. 3005).

Antes de manifestar-se a epilepsia, Dostoievski sofria de ataques precedidos do medo de morrer, "... como se fosse morrer no instante, e efetivamente; a tal sentimento seguia-se um estado análogo à verdadeira morte" (1927 [28]; p. 3007). Os ataques que fingem a morte, diz Freud, supõem a identificação com um morto, que morreu de fato, ou que vive, mas a quem se deseja a morte. "O ataque tem assim o valor de um castigo. O sujeito desejou a morte do outro, e agora, ele é o outro e está morto... *O ataque* que se repete – chamado histérico – é, pois, um *autocastigo pelo desejo de morte contra o pai odiado*" (*Ibid.*, p. 3008, grifo meu).

A conflitiva edípica pode ir cedendo passo paulatinamente, mas, quando antes disso, a realidade executa a fantasia, quem a fantasiou sente-se autor do crime. Dessa forma, os ataques, agora epiléticos, continuarão ainda mais recrudescidamente a obedecer "a uma identificação punitiva com o pai", satisfazendo à necessidade de castigo.

O trauma aqui apresentado traz poucas novidades no que diz respeito ao que era sustentado antes da segunda teoria das pulsões e a segunda tópica do aparelho psíquico.

Embora Freud introduza a conflitiva pulsional quando fala do sadismo e do masoquismo e destaque a presença do *superego* nas suas funções punitivas reclamando castigo, a articulação teórica com a leitura clínica apresentada e suas consequências terapêuticas não trazem muitas novidades.

Freud não precisaria aqui de um "além do princípio do prazer" para justificar o trauma. Tudo se resolve com a participação dos afetos ambivalentes, que tomam corpo na conflitiva edípica, e o ódio e a destrutividade só encontram um nível de justificação no interior desse conflito, assim como a necessidade de castigo e a busca do sofrimento encontram explicação no *superego* edípico punitivo.

Por outro lado, no próprio texto, menciona-se, em uma nota de rodapé, que essas ideias já haviam sido colocadas dez anos antes, em 1916, quando Freud atribuiu ao sintoma delitivo um sentido semelhante.

É interessante observar que, para Freud, o assassinato do pai tem um real caráter traumático. No entanto, o evento não produz por si mesmo uma psiconeurose, ou uma neurose traumática, precisa também da concorrência dos fatores internos, da significação fantasmática, da falha das defesas, para que a estabilidade entre as pulsões e suas defesas se perca. Em um trecho antes citado, Freud já observara esta combinatória: "A psicanálise... tende a ver neste *acontecimento* [*o assassinato do pai*] *o trauma* mais grave e *na reação de Dostoievski*, a pedra angular da sua neurose" (1927[28]; p. 3007). Freud separa, por um lado, o acontecimento em si, potencialmente traumatizante, e, por outro, a reação de Dostoievski, que acaba atribuindo ao evento a força traumática.

Poder-se-ia hipotetizar que se trata aqui de uma neurose traumática que se revela tal como Fenichel (1945) fala nos seus sintomas por meio da persistência do *bloqueio ou diminuição das funções egoicas* (concentradas na estruturação das contra-catexias, que vão fazer frente ao fluxo de cargas invasoras); de *acessos de emoção incontroláveis de ansiedade, raiva e muitas vezes de ataques convulsivos* (que expressam da forma mais arcaica e involuntária o excesso); ou pela insônia ou outras *perturbações graves no dormir e na vigília* (um organismo inundado de excitação é incapaz de relaxar). No entanto, parece que se trata aqui de uma neurose de longa data, cujos sintomas são a expressão simbólica de conflitos infantis, e sua finalidade, o retorno e a satisfação de um desejo antes reprimido, o de que o pai morresse.

Trata-se do trauma da neurose que, na sua peculiaridade, como veremos, difere do trauma que poderíamos pensar que está na origem da psicose ou da perversão[20].

No segundo prefácio do terceiro ensaio do "Moisés e a religião monoteísta" (1938), texto audacioso no qual Freud se confronta não só com os credos, mas com a própria instituição religiosa, ele retoma uma reflexão sobre a neurose traumática à luz dos efeitos também traumáticos que pesam sobre os grupos, os coletivos, os povos. Reitera aqui a analogia, apresentada

---

[20] Embora a indicação feita se refira às três estruturas clássicas com as quais Freud trabalha, atribuímos também, como veremos mais tarde, uma responsabilidade traumática à origem dos estados ou estruturas *borderline*, assim como aos outros quadros que cada vez mais aparecem na nossa contemporaneidade como as anorexias ou os estados de pânico.

em outros textos, entre os fenômenos religiosos e os sintomas neuróticos. Em ambos os casos, é possível constatar uma similaridade tanto nos conteúdos como no caráter repetitivo e compulsivo de suas manifestações. "Jamais voltei a duvidar de que os fenômenos religiosos só podem ser concebidos de acordo com a pauta que evidenciam os já conhecidos sintomas neuróticos individuais, que são reproduções de transcendentes, faz tempo esquecidos, acontecimentos pré-históricos da família humana; que seu caráter obsessivo obedece precisamente a essa origem; que, por conseguinte, atuam sobre os seres humanos em função da verdade histórica que contêm" (1938; p. 3274).

Assim como na história coletiva, o trauma também explica o movimento repetitivo no sujeito individual. A história dos mitos será reproduzida na história pessoal, e os processos da psicologia coletiva terão presença na psicologia individual, assim como cada Édipo individual, por exemplo, traz os vestígios da rebelião contra o totem.

No ancestral exemplo da relação de Moisés com seu povo, Freud destaca o fenômeno da *latência*, um traço comum, dirá, entre o monoteísmo judeu e a neurose, fenômeno "intermediário entre as reações ante o trauma e o ulterior desencadeamento da doença" (*Ibid.*, p. 3287). Com isso, Freud pretende dizer que há um efeito tardio do trauma. Entre o impacto de um acontecimento traumático sobre um certo campo estável de afetos, de crenças e tradições (seja por novos preceitos, ideias ou acidentes) e o momento da manifestação sintomática, processa-se um tempo de incubação, de latência.

Todos esses traços presentes nas manifestações coletivas, na vida da espécie humana, encontram uma similaridade com os processos patológicos individuais, em que também a necessidade de ignorar e de refutar leva a um processo de repressão cujos conteúdos ficam como vestígios permanentes que reaparecerão só mais tarde, na repetição ou em atos. "Um trauma de infância pode ser seguido imediatamente por um surto neurótico, por uma neurose infantil, carregada de esforços defensivos expressados na formação de sintomas. Essa neurose pode perdurar certo tempo e provocar transtornos notáveis, mas também transcorrer de forma latente, passando inadvertida. Como regra geral, a defesa tem nela a supremacia; em todo caso, deixa, tal como as cicatrizes, alterações permanentes no *ego*. Raramente a neurose infantil continua sem interrupção com a neurose do adulto; é muito mais frequente que lhe suceda uma época de desenvolvimento ao parecer normal, processo esse favorecido ou possibilitado pela intervenção do período fisiológico da latência. Somente em um momento posterior sobrevém a mudança que dá lugar à manifestação da neurose definitiva, como efeito tardio do trauma" (*Ibid.*, p. 3287).

Aquilo que, à revelia da linguagem, do processo secundário ou da escrita oficial da história, reaparece nas tradições ou nos atos e, até mesmo no sintoma, permanece mais fiel e menos desfigurado das primeiras vivências.

Nesse artigo, por meio de um exemplo com uma criança pequena, Freud ilustra sua compreensão sobre o trauma, sobre a construção e a participação do campo fantasmático na produção do sintoma e o efeito da cena traumática mediado pelo período de latência. Trata-se de um menino que, havendo compartilhado o quarto dos pais nos primeiros anos da sua vida, quando ainda não tinha adquirido a linguagem, "... teve frequentes e constantes oportunidades de observar as relações sexuais entre os pais, de ver muitas coisas e de ouvir muitas mais...". Posteriormente, depois da primeira polução, passou a sofrer de insônia, ficava sensível aos barulhos noturnos e, quando despertava, não conseguia conciliar novamente o sono. Esses transtornos, diz Freud, eram típicos de fenômenos de transição "... por um lado, expressavam sua defesa contra aquelas observações noturnas; por outro, eram uma tentativa de restabelecer o estado de vigília que outrora tinha-lhe permitido vislumbrar aquelas impressões (*Ibid.*, p. 3287-88). Despertada assim precocemente sua virilidade, manipulava seus genitais e, mediado pela identificação com o pai, investia "ataques sexuais à mãe", ocupando nessa situação a posição do pai. A mãe não tardou em verbalizar uma ameaça de castração, que teve para essa criança consequências traumáticas. Abandonou todo interesse sexual, mudou seu caráter e, colocando-se de maneira passiva em relação ao pai, passou a temê-lo e a provocá-lo para se fazer credor de merecidos castigos físicos que, além de terem uma significação sexual, permitiam-lhe identificar-se com sua "mãe maltratada". Transitou logo pelo período de latência sem transtornos evidentes e com um comportamento exemplar. Mas, no começo da puberdade, instalou-se a impotência sexual. Perdeu toda sensibilidade genital, nunca manipulava seus genitais nem conseguia aproximar-se de uma mulher com intenções eróticas. Toda sua atividade sexual ficou limitada à masturbação psíquica com fantasias sadomasoquistas supostamente alimentadas pelas precoces observações do coito parental. O ódio e a rebeldia contra o pai tomaram a forma de uma autodestruição, responsável pelos inúmeros fracassos nas várias áreas da sua vida. Quando o pai morreu, revigorou-se a identificação com ele. A criança, agora adulta, passou a atuar brutal e despoticamente, tal como imaginara ao pai quando ainda era muito pequeno, tornando o convívio com as outras pessoas muito difícil.

O trauma seria aqui definido pelo efeito de vivências, impressões sem memória, experiências somáticas, percepções sensoriais visuais ou auditivas, experimentadas pela "comunidade familiar humana", pelos antepassados ou pelo sujeito em uma idade precoce da sua história, que, pela excessiva excitação que originam e a impossibilidade de tramitá-los simbolicamente, permanecem indefinidamente como acontecimentos traumáticos. O conteúdo desses traumas são de índole sexual e agressiva (o sexual, para a criança pequena é também agressivo), experiências que afetam precocemente o *ego*.

Mas o trauma também pode proceder para Freud da verbalização de uma ameaça, que coloca em risco uma parte do corpo. Pode-se apresentar o trauma de duas maneiras, mas se processam traumaticamente à medida que não encontram a possibilidade de representá-lo.

A *particularidade do traumático nas três estruturas*

Nos artigos "Neurose e psicose" (1923 [1924]), "A perda da realidade na neurose e na psicose" (1924), o "Fetichismo" (1927) e a "Cisão do *ego* no processo de defesa" (1938 [1940]), Freud aproxima-se do acontecimento traumático a partir de outra perspectiva. Nos dois primeiros artigos, escritos pouco depois da estreia da segunda tópica, ele localiza a fonte do trauma que promove a neurose e a psicose. Como já vimos, para Freud, o traumático vincula-se, na neurose, à situação edípica, ao complexo de castração, ao conflito entre o *ego* e o *id*. O *ego*, pressionado pela censura *superegoica* (que, por sua vez, procede das influências da realidade exterior), se recusa a acolher as pulsões provenientes do *id* e reage com a repressão. Na psicose, o intolerável, o traumático, provém da realidade externa, Freud dirá, do conflito[21] entre o *ego* e a realidade exterior. O sujeito substitui a realidade traumatizante por outra, marcada pelas tendências do *id*, retraindo-se do mundo real e de novas percepções. Ocorre, assim, um processo de dissociação muito mais radical do que aquele que o recalque provoca. Na neurose, a tópica se mantém: o *id* fica mais amordaçado, o *superego* mais inflacionado, mas o *ego*, embora debilitado, conserva sua função, e a realidade externa – mesmo que interferida pela fantasia e a repressão – não deixa de existir. Na psicose, a tópica

---

[21] Não parece ser conflito o que aqui opera, não há exatamente uma oposição e luta de forças, mas uma invasão que deixa o *ego*, mais ou menos incipiente, fora de combate.

tende a esfarelar. Os limites entre as instâncias se diluem, o aparelho psíquico se paralisa na sua tarefa de ligar, representar, redistribuir e conter a energia: o *id* extravasa suas fronteiras, o *ego* é afetado pela dissociação que passa a substituir uma parte da realidade exterior por outra, comandada diretamente pelos desejos do id; o *superego*, por sua vez, diminui consideravelmente sua ação. Está colocada aqui a problemática do ser, e o trauma provém da impossibilidade ou intolerância à separação, seja por excesso ou falta de relação com um outro primordial.

A problemática fetichista circunscreve-se, para Freud, à problemática da castração. Freud vincula o fetichismo e a própria elaboração do fetiche ao horror à castração: "... conserva-se como fetiche, por exemplo, a última impressão percebida antes da que teve caráter sinistro e traumático[22]. Assim, o pé ou o sapato devem sua preferência como fetiche – total ou parcialmente – à circunstância em que a criança, curiosa, espia os genitais femininos de baixo para cima, a partir das pernas para o alto. Como há tempo se presumia, a pele e o veludo reproduzem a visão do púbis, seguida pela visão do desejado falo feminino; a roupa íntima, tão frequentemente adotada como fetiche, reproduz o momento de desvestir-se, o último no qual a mulher podia ser ainda considerada como fálica. Não pretendo afirmar, no entanto, que sempre seja possível estabelecer a determinação de cada fetiche" (1927; p. 2995).

---

[22] Na lembrança encobridora, pode-se tratar de algo semelhante. O que fica registrado com força não é a própria cena do impacto, mas a ocorrida com anterioridade a ela.

Diferentemente da neurose, em que o que está em jogo é um conflito entre instâncias, nessas duas patologias (psicose e perversão), o fracasso da ação defensiva, além de apontar a uma falha no recalque, produz uma cisão intrassistêmica no *ego*, cindindo-o em duas correntes anímicas paralelas. No fetichismo, essas duas correntes (a que reconhece e a que não reconhece a ausência do pênis) perduram. Na psicose, elimina-se uma delas, a que contempla a realidade. O tipo de sintoma que resulta dessas cisões (embora Freud fale em transação e conflito entre a percepção ingrata e o desejo) está isento de dialética e metáfora; não há substituições em virtude de semelhanças ou analogias, mas de contiguidades. O sintoma não conserva (como no sintoma neurótico) a expressão das partes em conflito, nem o mesmo tipo de jogo de significações. Na psicose, o "como se" não existe, e o desejo não aspira ou, não sendo interditado, se perpetua no gozo eterno. No fetichismo, o "mas... mesmo assim" regula o núcleo patológico das relações. No sintoma psicótico e perverso, à diferença do sintoma "clássico" que acompanha a neurose, não há transação nem formação de compromisso entre as partes em "conflito", a porção da realidade intolerável se descarta. Porém, ambos sintomas apresentam formações substitutivas: na psicose, a alucinação e o delírio; e na perversão, no caso do fetichismo, o fetiche. Com ele, algo é substituído econômica e simbolicamente: o pênis, ou melhor, sua falta, oferecendo, assim, o fetiche a ilusória realidade reconfortante de que toda mulher tem pênis. Mas trata-se de uma substituição parcial, e a parte não incluída no sintoma continua coexistindo, independente[23] da distorcida realidade: por um lado, a mulher conserva o pênis e, por outro, admite perceptivamente que não existe. Por outra parte, não se trata propriamente de uma substituição simbólica, pois a castração não é simbolizada e, portanto, o sintoma não é produto de uma operação simbólica. A simbolização requer a internalização da falta, da perda. Nem o psicótico nem o perverso aceita a falta: o primeiro a ignora, e o segundo – pelo menos parcialmente – a recusa. Parece que o sintoma dessas formações patológicas encontra-se mais determinado pela evitação da angústia do que pela realização de um desejo[24].

O "sintoma" traumático

Freud teoriza sobre o sintoma da neurose de transferência. O sintoma neurótico obedece ao princípio do prazer, à realização do desejo inconsciente e também à censura e à defesa. São satisfações substitutivas de impulsos sexuais reprimidos ou medidas que se dirigem a impedir sua satisfação. Inclui a participação das instâncias em conflito, o recalque das representações conflituosas, a derivação – por inervação, deslocamento, supressão,

---

[23] A independência é também parcial, pois a renegação passará a funcionar como operação dominante nas demais relações da vida.

[24] Poderia justificar-se que, em definitivo, o que impulsiona é sempre um desejo, mesmo que seja o desejo de evitar a angústia. Mas se o que impele o desejo é a falta, e nestes dois quadros ela não se admite, a direção da ação escapa ao princípio do prazer e à busca da realização do desejo.

inversão – dos afetos, e o retorno transacional e simbólico do recalcado, que se utiliza do deslocamento, da condensação e da figurabilidade para dar expressão ao desejo. O neurótico aceita o limite, admite o perigo e a possibilidade da castração, e por isso renuncia à satisfação irrestrita e recalca. O fetichista não aceita o limite e dribla a realidade. O fetiche fica no lugar dos genitais, o que lhe permite contornar a aversão desorganizadora contra todo órgão genital feminino. Como diz Freud, as duas partes em disputa recebem algo, mas à custa de um rasgo no eu que nunca se cura.

Os sintomas psicótico e perverso mostram o "verdadeiro"[25] caráter traumático, pelo caráter dissociativo e pela ausência de simbolização.

Em "Inibição, sintoma e angústia", Freud adverte que sua teorização sobre o sintoma só é útil para as afeições neuróticas: fobias, histeria de conversão e neurose obsessiva, em que o medo à castração provê as forças motivacionais do recalque.

Em "Além do princípio do prazer", Freud especula sobre o sintoma traumático, aquele que, como vimos, se expressa na repetição compulsiva dos sonhos traumáticos, das brincadeiras infantis, na reação terapêutica negativa, na realização

---

[25] Falo de "verdadeiro", a partir do que defini como trauma fora do campo da neurose. O evento traumático (na acepção mais próxima do trauma colocada em "Além do princípio do prazer") é aquele que se define pelo excesso de excitação, pela impossibilidade de simbolizar o evento e assim inscrevê-lo em relação às outras representações. Diferentemente do sintoma neurótico, que "onde existe um sintoma existe uma amnésia", no sintoma traumático, podemos pensar que existem marcas, mas não traços mnêmicos, existe a memória, a inscrição do evento sem simbolizações.

repetitiva de iguais destinos e, poderíamos acrescentar, no sintoma psicótico e no sintoma perverso[26]. À diferença do sintoma neurótico, o sintoma traumático não se encontra sob o domínio do princípio do prazer, não o impulsionam a realização do desejo, nem o compromisso entre instâncias, nem o retorno do recalcado, mas o reviver persistente da situação traumática (1920; p. 2522).

Ante o trauma, o aparelho psíquico – denominado original e curiosamente como aparelho de linguagem – fica impedido de reconhecer e transpor do nível da sensação, da percepção, para o registro do simbólico, da palavra, do verbal, do processo secundário, o acontecimento traumático. O sintoma traumático fica alheio ao sentido, à representação, às cadeias associativas e por isso se mostra como ato, como força, acusando um "não sentido", uma "não memória".

A *natureza da inscrição do acontecimento traumático*

No breve e brilhante texto "O bloco mágico" (1924 [1925]), Freud nos apresenta à problemática do registro, da conservação, localização, recuperação e indestrutibilidade ou não das experiências, dependendo da qualidade e intensidade do que

---

[26] Como vimos, para Freud o sintoma neurótico também é consequência de um traumático, mas de um traumático que, embora promova a dissociação por meio do recalque, não impede a simbolização do acontecimento psíquico

impressiona, inscreve ou marca. Boa relação para pensar o traumático com respeito à qualidade da sua inscrição, sua localização, sua persistência e memória. Qual é o tipo de registro (impressão, traço mnêmico, marca, inscrição)[27], característico da memória do trauma?

---

[27] O livro de Felicia Knobloch "O tempo do traumático" (1998) traz uma excelente discriminação entre os diferentes conceitos que auxiliam a situar a condição do acontecimento traumático com respeito à sua inserção no aparelho psíquico: "impressão", "traço mnêmico", "marca" ou "inscrição".

A *impressão*, ponto de partida para o processamento psíquico, "é considerada por Freud como o momento primário da elaboração mnêmica. Ela se distingue do estímulo e da sensação assim como também da representação" (Garcia Roza, (1993). Portanto, a impressão seria anterior à inscrição e posterior à sensação (1998; p. 88). Na fala de Knobloch, os *traços mnêmicos* designam para Freud a forma como os acontecimentos e as impressões se inscrevem na memória, ficando sempre o traço inscrito em sistemas que se relacionam com outros traços. O traço pressupõe uma inscrição pela qual a impressão mantém seus efeitos e pode ser evocada; ela é inconsciente, mas pode adquirir consciência. A autora enfatiza o papel fundamental que desempenha para Freud a memória na própria constituição do aparelho psíquico. "A memória é a condição para que se forme o aparelho psíquico... é a 'força persistente de uma vivência (Erlebnis)', é força que depende de um fator que é a intensidade da impressão produzida e da frequência de sua repetição. E acrescenta: Freud descobre aqui a *intensidade* da impressão deixada pelo incidente e, citando Dayan, continua '*o acontecimento é recebido num sistema que não é computável por seu teor de significações mas, antes, pelos fluxos de excitação que podem ser postos em circulação*" (1998; p. 87-88, grifo meu), destacando assim o papel das quantidades e do excesso pulsional na dificuldade de representar, nas consequências físico- fisiológicas do impacto traumático e do trabalho exigido para a transposição da força para o campo das representações.

Mas é possível, se pergunta, falar em impressão que não deixa traço, que não é assimilada pela linguagem, pelo sistema mnêmico, impressão que não se inscreve? Embora "Freud não considere a possibilidade de a impressão ser conservada pela memória, a não ser como traço ou como representação", é possível considerar a existência de impressões não no âmbito do signo, mas, sim, da "*marca*", expressiva não pelo seu conteúdo, mas por sua força, "não como fator informativo, mas como fator *energético*" (*Ibid.*, p. 89).

Nosso aparelho psíquico perceptor e registrador, diz Freud nesse texto, funciona (à diferença do registro com tinta em uma folha em branco na qual cabe um número limitado de inscrições, e da lousa, em que a quantidade de inscrições pode ser infinita, mas o registro do escrito não permanece indefinidamente) com ilimitada capacidade receptora de novas percepções, criando, por sua vez, "marcas duradouras, embora não invariáveis das mesmas" (*Ibid.*, p. 2808)[28]. Essas marcas permanentes dos estímulos se situam nos sistemas mnêmicos. A semelhança entre a estrutura suposta de nosso aparelho perceptor e o bloco mágico radica em que ambos oferecem duas coisas: "uma superfície receptora sempre pronta e marcas permanentes das anotações feitas" (1924[1925]; p. 2809). No bloco existe um dispositivo, uma capa de celuloide que atua intermediando o estímulo e o papel carvão, que impede que este último rasgue ou enrugue. Esse "dispositivo protetor contra as excitações", encarregado de diminuir o estímulo, lembra a capa do aparelho perceptor descrita em "Além do princípio do prazer", encarregada de função semelhante, a de opor-se ao influxo das cargas que chegam. Nos dois casos, se a capa de proteção rasgar ou for atravessada pela ação das excitações, efetiva-se uma rotura, estabelecendo-se, no sujeito, o trauma. A questão importante, segundo Freud, é que,

---

[28] Na carta de Freud a Fliess de 6 de dezembro de 1896, Freud coloca a hipótese de um mecanismo psíquico formado por um processo de estratificação no qual "o material presente sob a forma de traços mnêmicos fica sujeito, de tempos em tempos, a um rearranjo, de acordo com as novas circunstâncias e a uma retranscrição"(1986; p. 208).

enquanto a superfície do bloco permanece limpa e disponível para acolher novas anotações, em uma das suas lâminas, a de cera, fica uma marca permanente com o escrito "legível com luz apropriada". Essa operação, em ambos casos (na do bloco mágico e do aparelho anímico), tem lugar em dois elementos ou sistemas diferentes, entrelaçados entre si: um receptor-perceptor e outro mnêmico. No sujeito, "enquanto o sistema perceptivo se mantém investido com carga psíquica, recebe as percepções acompanhadas da consciência e transmite o estímulo aos sistemas mnêmicos inconscientes. Mas quando a carga de energia psíquica se retrai, apaga-se a consciência e cessa a função do sistema" (*Ibid.*, p. 2810).

Na psicose, fica claro que acontece essa cessação ou insensibilidade, ficando o *ego* diminuído na sua potência e afastado da realidade. No trabalho "Neurose e psicose" (1923[1924]), Freud diz que o mundo exterior domina o *ego* por dois caminhos: primeiro, mediante as percepções atuais continuamente possíveis, e segundo, com o acervo mnêmico de percepções anteriores que constituem como 'mundo interno' um patrimônio do *ego* (*Ibid.*, p. 2743). Na loucura fica excluída a acolhida de novas percepções, o que também ocorre no sono, em que acontece o afastamento do mundo real e de toda percepção. Podemos supor que é isso o que ocorre em maior ou menor grau com o acontecimento traumático, no qual as altas excitações parecem produzir um apagamento perceptivo do acontecimento, de forma mais ou menos drástica, como à noite em que os faróis altamente luminosos de um carro nos impedem de ver os estímulos, ou quando as altas tensões produzem um curto-circuito e tudo se desliga. Lembro o caso de uma moça que, proibida de ver a mãe morta, esquartejada por piranhas, levanta no velório, de forma dissimulada, a tampa do caixão e, diante da cena, psicotiza.

Será que o momento traumático produz um impacto e concomitantemente uma irrupção excessiva de energia, que obnubila o campo das representações, da mesma forma como acontece em um surto psicótico em que ficam excluídas as novas percepções, impedindo a incorporação do evento? Ou a percepção permanece, mas não é transcrita para os registros mnêmicos[29], não podendo obter mais tarde a evocação do inscrito? Ou será que algum tipo de memória isenta de simbolização ocorre e, portanto, a sua evocação é impossível pela palavra, embora sua inscrição exista?

---

[29] Na carta de Freud a Fliess de 6 de dezembro de 1896, mencionada anteriormente, Freud fala dos diferentes registros do material que chega ao psiquismo. Um primeiro é o registro das percepções, inacessível à consciência, organizado por associações de simultaneidade. Um segundo registro, possivelmente com relações associativas causais, localiza-se no inconsciente e também é inacessível à consciência, e um outro registro, ligado à representação de palavra, que pode tornar-se consciente em função de certas regras. Freud diz que "os registros sucessivos representam conquistas psíquicas de fases sucessivas da vida. Na fronteira entre duas dessas fases, é preciso que ocorra uma tradução do material psíquico... Cada transcrição posterior inibe sua predecessora e esgota seu processo excitatório. Quando falta uma transcrição posterior, a excitação é tratada de acordo com as leis psicológicas vigentes no período psíquico precedente e seguindo as vias abertas daquela época... Uma falha de tradução – eis o que se reconhece clinicamente como "recalcamento"... O motivo disso é sempre a liberação do desprazer que seria gerado por uma tradução; é como se esse desprazer provocasse um distúrbio do pensamento que não permitisse o trabalho de tradução" (1986, p. 209).

Para Freud, diz Knobloch (1998), memória é memória de traços, que se originam nas impressões e perduram sob a forma de inscrição e representação no sistema mnêmico. Mas nem toda impressão é capaz de palavra. O evento traumático impressiona, imprime, inscreve, mas não simboliza. Sobrevive como marca perceptiva sem palavra e simbolização, isolado do resto das representações, das cadeias associativas. O sonho traumático, por exemplo, reimprime a situação do acidente, mas não o representa, simplesmente o apresenta. A surpresa e a comoção que o trauma gera impedem que o contrainvestimento se organize, mobilizando a energia interna para fazer frente à irrupção da excitação externa. A barreira de proteção já não protege, fica invalidada pelo excesso, impossibilitando a transcrição da impressão traumática para o registro posterior da representação. Como já coloquei: "O acontecimento é recebido num sistema que não é computável por seu teor de significações mas, sim, pelos fluxos de excitação que podem ser postos em circulação" (Dayan; 1973, em Knobloch; 1998; p. 88). Portanto, dois processos precisam ser realizados: um que é da ordem da *transposição da energia física para energia psíquica*, da quantidade para a qualidade, da força para o sentido; e outro que é da ordem da *transcrição de registros*, a partir do registro sensorial-perceptivo em direção ao registro da representação-palavra. O trauma impede, ou dificulta, a transposição para o psíquico e o ingresso da vivência no registro simbólico. Quando o pênis falta e o fetichista o substitui por seu fetiche, ele acredita que falta concretamente o pênis, ele fica com o pênis (com o fetiche) e perde a possibilidade de simbolizar a falta. Impedido de outorgar sentidos e de inscrever a falta em um sistema de linguagem, fica paralisado ante o concreto.

Por fim e retomando os últimos escritos da obra freudiana, podemos dizer que o trauma também adquire uma extensão que não cabe no acontecimento traumático. Ele se redimensiona e se amplia quando nas "Novas lições introdutórias à psicanálise" (1932 [1933]) Freud escreve que há uma sedução da qual ninguém escapa: a *sedução da mãe* e, quando em um de seus últimos textos acrescenta que, pelos cuidados com o corpo de seu filho, "a mãe se torna a primeira sedutora da criança" que – talvez pela intensidade e fixação desse primeiro encontro – constitui-se "no primeiro e mais poderoso objeto sexual e protótipo de todas as vinculações amorosas futuras" (1938; p. 3406).

Recapitulação e comentários

O trauma mantém-se vigente, com diferentes acepções, ao longo da obra freudiana.

O conceito de "neurose traumática" alcança uma importância destacada durante os anos da guerra e se mantém por mais tempo, inspirando algumas das hipóteses expostas em "Além do princípio do prazer" até, gradativamente, ir perdendo força. Esquematicamente, poderíamos resumir da seguinte forma o que para Freud caracteriza as diferenças entre as *neuroses traumáticas* e as *neuroses de transferência*:

Neurose traumática	Neurose de transferência
– reação ante o perigo de morte	– reação ante frustrações da libido
– perigo vem de fora, de um objeto real	– perigo interno, pulsional, objeto fantasmático
– caráter de surpresa do acontecimento (susto excessivo ou graves choques: desastres ferroviários, soterramentos, abusos, guerras, etc.)	– caráter acumulativo e imperceptível dos impactos
– repete o trauma para conseguir um controle tardio	– repete a fantasia. A repetição busca a reconstituição de um vínculo. Repete para não lembrar a falta
– sintoma: tentativas para dominar o estímulo. Não é a expressão de conflitos, nem transação entre instâncias, nem a realização disfarçada de um desejo inconsciente	– sintoma: orientado pelo princípio do prazer e pela realização de desejos. Retorno do recalcado. Formação de compromisso entre instâncias
Em geral, aparição imediata dos sintomas em seguida ao choque. Formações substitutivas	Em geral, período de latência precede aparição dos sintomas. Formações de compromisso
O trauma não se representa, apresenta-se. Possui uma parte determinante no conteúdo do sintoma	

- angústia ante o desamparo. Acontecimento impede o desenvolvimento da angústia sinal (que ativa o recalque) e cuja omissão se constitui em causa da neurose traumática. Não consegue ligar a energia que é descarregada em forma de angústia

- angústia ante uma perda real

- o núcleo da reação traumática tem um forte caráter fisiológico (provocado pelo susto, pelo medo e pela surpresa. Aparecem crises de ansiedade, estados de agitação, estupor ou confusão mental

- diminuição do desenvolvimento do sintoma psíquico quando ocorre uma ferida

- sonho perturbado pelo trauma, pela intensidade, pelo acúmulo de excitação

- evento não simbolizado

- angústia que prevalece: de castração na fobia, de perda de amor na histeria e de medo ao *superego* na neurose obsessiva

- angústia frente à perda do objeto de amor fantasmático

- sonho como realização disfarçada do desejo inconsciente

evento simbolizado.
- Processos que se desenvolvem no inconsciente. As cargas podem ser facilmente transferidas, deslocadas e condensadas. Seguem o processo primário, o princípio do prazer e o desejo inconsciente

Embora em alguns momentos Freud tenha alegado que é importante precisar algumas diferenças pelas quais ambos tipos de neurose seriam discrimináveis, apesar dos elementos comuns que as integram, "As neuroses traumáticas não podem ser assimiladas às neuroses espontâneas, objeto habitual da investigação e da terapia psicanalítica" (1915-1917 [1916-1917])[30]. Também dirá mais tarde que descarta toda formação neurótica como efeito de um fator único, e toda diferença categórica entre etiologia traumática e não traumática. "Parece-nos muito improvável", diz, "que uma neurose possa surgir pelo mero fato de um perigo objetivo, sem participação alguma dos níveis mais profundos do aparelho psíquico" (1926; p. 2858). Todo recalque, assinala, é sempre uma reação ante o trauma, assim como toda neurose traumática comporta conflitos antigos.

O conceito de neurose traumática entrou em desuso, não porque a neurose ou o trauma tenham perdido sua vigência, mas talvez porque a combinatória de neurose + traumática confunde. Toda neurose, como vimos, contém no seu interior traumas, e o impacto de um trauma pode dar ou não passagem a uma neurose. Mas quando o trauma é capaz de desencadear uma neurose, poderíamos pensar que estamos em presença da elaboração do trauma, em que já foi possível representar, inscrever, recalcar e, portanto, desenvolver um trabalho de análise.

---

[30] Vemos que Freud insinua aqui que as neuroses traumáticas apresentam uma peculiaridade que escapa ou fica irredutível aos pontos de vista da psicanálise, acrescentando que não são uma boa demonstração da teoria da libido nem da eficácia da técnica psicanalítica.

Em alguns momentos, Freud parece falar de dois traumas: aquele que inspira "Além do princípio do prazer" já antecipado nas "Lições introdutórias à psicanálise"[31] e, antes ainda, no caso Dora[32], trauma em que prevalece o caráter econômico, não simbolizável e inacabado do acontecimento, que se expressa no movimento da compulsão repetitiva, inatingível pelo trabalho interpretativo, pela escassez ou inexistência de elementos simbólicos; e um outro trauma, localizável temporal e espacialmente pelo esforço mnêmico, que foi objeto do recalque e, portanto, com representações garantidas no inconsciente. Entendo que Freud fala desse trauma cada vez que tenta determinar para ele um acontecimento preciso, quando pretende localizar, pelas lembranças, associações e interpretações, o acontecimento desencadeante.

Parece-me necessário tornar independentes os conceitos de trauma e neurose. O impacto que uma situação traumática instala (associado ao excesso de excitação, ao fator surpresa, à ruptura da barreira de proteção ante os estímulos externos

---

[31] Ao falar do caráter eminentemente econômico do trauma e da dificuldade em aceder a ele.

[32] Quando Freud, confrontado com o fracasso terapêutico, conclui que "resultados satisfatórios se conseguem sempre que os fenômenos patológicos são mantidos exclusivamente pelo conflito interno entre os impulsos de ordem sexual. Neste caso vemos os pacientes melhorarem na exata medida em que vamos contribuindo para a solução de seus conflitos psíquicos por meio da tradução do material patógeno em material normal. Por outro lado, os outros casos – em que os sintomas estão a serviço dos motivos exteriores da vida, como no caso Dora durante os últimos anos – seguem um curso diferente. Neles, é estranho, podendo até mesmo induzir a erro, ver que o estado do paciente não apresenta nenhuma modificação visível, mesmo que a análise esteja muito avançada".

e à desproteção ante a implosão dos internos, ao fracasso na ligação, a um ataque às funções do *ego*, à dificuldade em poder representar o evento e a uma falha da defesa e da angústia sinal) ocasiona um *estado traumático* que pode, ou não, derivar em neurose, assim como também poderia derivar em psicose, em perversão ou em outros transtornos como os *borderline* por exemplo.

A qualidade e a intensidade do trauma, o momento da estruturação psíquica em que ele ocorre e os recursos com os quais o sujeito conta no momento do trauma determinam a gravidade e as consequências desse evento traumático. Podemos pensar, assim, que todo arranjo psíquico é uma resposta contra o impacto do trauma. A severidade com que um conteúdo se expulsa ou simplesmente não se integra, que vai da repressão à forclusão, expressa formas diferentes de reagir ante o acontecimento traumático.

Mas o trauma é também promotor de novas formas que organizam em torno dele as primeiras forças do campo pulsional, os primeiros recalques, a futura tópica e os futuros recalcamentos. O trauma, portanto, inspira um duplo movimento: por um lado, o da compulsão à repetição, no esforço reiterado por ligar a excitação; por outro, um movimento vital, que incita à construção do aparelho psíquico, por meio da ligação da energia livre, das excitações, dos fluxos e dos excessos. O primeiro movimento levou Freud a rever a metapsicologia e a elaborar novas hipóteses para dar conta do movimento repetitivo, autogerado, automatizado, que prescinde da existência do outro humano para que se realize. O segundo movimento, possibilitador da construção do aparelho psíquico, levou-o a considerar a importância da intersubjetividade, do papel central da mãe nos primórdios do psiquismo, do narcisismo e do Édipo.

Nas origens do aparelho psíquico, antes de qualquer princípio, de qualquer organização e de qualquer defesa, encontra-se o trauma. A história do sujeito guarda as marcas dessa origem traumática, das tensões orgânicas, da energia ambulante, desligada, sem objeto, catastrófica e, em cada nova situação que evoque esta primeira, revitaliza suas marcas.

A fecundidade do conceito de trauma será retomada por vários autores: Ferenczi, reforçando as duas concepções de trauma presentes em Freud e desenvolvendo o papel traumático do desmentido; Winnicott, destacando a emergência do trauma em consequência das falhas no desenvolvimento e especialmente da relação mãe-bebê; Masud Khan, explorando os conceitos de "escudo protetor" e "trauma cumulativo"; e Laplanche, postulando para além da "sedução restrita" a "sedução generalizada" e a importância do "significante enigmático" como motor do trauma.

No próximo capítulo, apresentarei de maneira sucinta, as ideias centrais desses quatro autores.

3.

QUATRO CONCEPÇÕES DO TRAUMA: S. FERENCZI, D. WINNICOTT, M. KHAN E J. LAPLANCHE

Sándor Ferenczi

> *"Sou acima de tudo um empirista... As ideias estão sempre ligadas às vicissitudes do tratamento de doentes e encontram nelas sua recusa ou sua confirmação... (da correspondência a Freud, carta de 10 de outubro de 1931) Eu respondo: "Pessoalmente, não sei, mas estou convencido da reversibilidade de todos os processos psíquicos, ou seja, de tudo o que não é puramente hereditário"...*

A morte prematura encontra Ferenczi às voltas com a teoria do trauma.

Suas últimas produções, e mais especialmente o "Diário clínico", escrito entre julho e outubro de 1932, e seu último ensaio "Confusão de língua entre os adultos e as crianças", escrito em 1933, ano da sua morte[1], são fiéis testemunhas.

Ferenczi retoma a ideia do trauma freudiano, aquele das origens, aquele que encontrou seu *fundamento* na *história real* e na *sedução infantil*. Ele reafirma essa ideia de trauma e estende a ideia do abuso para além da cena sexual. O abuso será também o castigo físico, a mentira, a hipocrisia do adulto sobre uma criança.

Embora a teoria do trauma de Ferenczi explicite seu desacordo com Freud[2] (e com os analistas da época), quando enfatiza a importância das forças traumáticas do fato externo e real, também explicita seu acordo, retomando e desenvolvendo – como nem o próprio Freud faria – as ideias contidas em relação ao trauma em "Além do princípio do prazer", derivando delas não só conclusões importantes para a clínica, mas uma verdadeira "teoria da técnica". A não representação do acontecimento, o excesso de excitação, o fator surpresa, as lembranças no corpo, a compulsão repetitiva são todas ideias presentes em Freud que Ferenczi potencia nas suas teorizações. Por outro lado, em uma construção original, o trauma encontra outros motivos e formas de expressão para além da violência sexual. O *desmentido* (a negação pelo adulto do que

---

[1] Ferenczi morre aos 59 anos, em maio de 1933, em uma chamativa desolação emocional e teórica.

[2] Rand e Torok (1995), no livro "Questions à Freud", levantam minuciosamente, a partir da correspondência entre Freud e Ferenczi, os pontos desta discrepância, vinculados ao fator etiológico do trauma.

aconteceu com a criança) desponta também com poderosa força traumática.

O conceito de trauma estende-se em Ferenczi ao longo de toda sua obra, mas será nos últimos anos que melhor se configurará. No "Diário clínico" (1990), escrito entre janeiro de 1932 e os últimos meses do mesmo ano, Ferenczi deixa claramente retratadas suas preocupações e posições em torno do trauma. Como anuncia Judith Dupont no prefácio desta obra, o trauma não é só um ponto teórico preocupante, mas o eixo da elaboração de uma teoria.

Inspirado, quem sabe, nos últimos anos da sua vida, na sua própria orfandade e isolamento teórico e afetivo, na "confusão de línguas"[3] da qual fez parte, ou seja, em seu próprio traumatismo (que o levou a "decidir'" entre perecer psíquica ou fisicamente e entre se reorganizar ou morrer[4]), escreve os textos mais contundentes sobre o trauma.

---

[3] "Confusão de línguas" é a expressão que Ferenczi utiliza para explicar uma das fontes do trauma. Trata-se da *confusão* entre a linguagem da ternura (sexualidade infantil, ingênua) e a linguagem da paixão (sexualidade adulta, culposa).

[4] Na condição de *"enfant terrible"*, como o chamavam, Ferenczi dá mostras de seu próprio trauma, cultivado à custa da desaprovação, incompreensão e intolerância intelectual. Ele era agora essa criança traída e desprezada pela insensatez e hipocrisia adulta, que o submergiu no isolamento do qual nunca poderia sair. Na última carta do seu "Diário", datada de 2 de outubro de 1932, em um prenúncio da morte que ocorreria meses depois, e tomado pelo conflito de resistir ou se entregar a uma "potência superior", ele escreve: "E assim como devo agora reconstituir novos glóbulos vermelhos, será que devo (se puder) criar para mim uma nova base de personalidade e abandonar, como falsa ou pouco confiável, a que eu tinha até agora? Terei neste ponto a escolha entre morrer ou me 'reorganizar' – e isso aos 59 anos? Por outro lado viver sempre a vida (a vontade) de uma outra pessoa – terá isso algum valor – uma tal vida não será já quase a morte? Perderei demais se me

A correspondência entre Ferenczi e Freud, tal como ainda no prefácio do "Diário clínico" comenta Judith Dupont, traz importantes alusões ao tema. Em uma carta datada de 25 de dezembro de 1929, na qual Ferenczi anunciava à pretensão de escrever o "Diário", sintetiza assim algumas de suas observações acerca do trauma:

1. Em todos os casos nos quais penetrei com profundidade suficiente, encontrei as *bases traumáticas histéricas da doença*.
2. Nos casos em que conseguimos *chegar aí* com êxito, o paciente e eu, o *efeito terapêutico foi muito mais importante....*
3. A opinião crítica, que durante esse tempo foi-se criando em mim, é que a psicanálise pratica de um modo excessivamente unilateral análises de neuroses obsessivas ou análise de caráter, isto é, uma psicologia do *Ego*, negligenciando a base orgânico-histérica da análise; a causa disso reside na *superestimação da fantasia e na subestimação da realidade traumática na patogênese...* (1990; p. 12, grifo meu).

A sensibilidade ante o sofrimento humano e a insatisfação pelos êxitos parciais, pelos fracassos, pelas estagnações (seja por

---

arriscar a ter essa vida?"; e por último, em um outro parágrafo, em um tom quase que de sentença, acrescenta: "uma certa força da minha organização psicológica parece subsistir, de modo que, em vez de adoecer psiquicamente, só posso destruir ou ser destruído nas profundezas orgânicas" (1932 [1990]; p. 260-61).

ativação desmedida ou inibições da libido) orientam Ferenczi em uma busca, sem repouso, de novas elaborações teóricas que terão por sua vez derivações no método de intervenção que ele chamou de "técnica ativa".

Ferenczi adere ao conceito de *neurose traumática*. No artigo "As patoneuroses", de 1917, ele reúne *doenças que não parecem responder a perturbações da libido* e seus deslocamentos, como ocorre nas psiconeuroses, mas a perturbações nas funções ou órgãos em consequência de choques psíquicos ou físicos intensos, como acontece também nas neuroses consecutivas a uma doença orgânica, em que a libido parece comportar-se (à semelhança do que acontece quando há trauma) afastando-se da realidade externa e se retraindo para a parte afetada. Estas manifestações, acrescenta Ferenczi, se diferenciam da neurose sexual porque, nesta última, "a perturbação da libido é primária e a perturbação funcional orgânica é secundária" (1917 [1988; p. 104]). Nesse contexto é que Ferenczi faz menção à *neurose traumática*, descrevendo-a como uma patologia que resulta de uma agressão, de um choque psíquico e físico intenso cuja sintomatologia "combina a *regressão narcísica*[5] (abandono de uma parte dos investimentos de objetos) e os sintomas da

---

[5] A *regressão narcísica* acentua-se quando o narcisismo é constitucionalmente muito forte, em especial quando o *ego* e a vida estiveram ameaçados, ou quando a agressão ocorre em uma parte do corpo investida libidinalmente de maneira intensa. Como exemplos, Ferenczi fala de como uma operação nos olhos pode desencadear uma psicose, desorganizando por completo o *ego*; ou como uma ferida no rosto, pela importância do papel sexual que desempenha, também pode conduzir a uma regressão narcísica; assim como também podem conduzir a ela doenças ou feridas nos órgãos genitais.

histeria de conversão ou de angústia" (1917 [1988]; p. 105). Seriam, portanto, os acontecimentos externos que provocariam as consequências intrapsíquicas e as manifestações similares às neuroses. Diferentemente da neurose traumática, o *trauma* em termos mais genéricos pode prescindir do embate físico externo.

A *comoção*, ou o *choque*, como frequentemente Ferenczi denomina o trauma, é a "reação a uma excitação externa ou interna em um modo mais *autoplástico* (que modifica o eu) do que *aloplástico* (que modifica a excitação)". O impacto não deixa o *ego* ileso, produz uma "neoformação" impossível de acontecer sem a "prévia destruição parcial ou total, ou sem dissolução do eu precedente" (1933 [1990; p. 227], grifo meu). Ferenczi coloca, assim, em relevo a importância da intensidade física e psíquica do evento traumático e o estrago que provoca no eu do sujeito. Um eu que, não podendo modificar a excitação externa, se modifica a si mesmo para suportá-la. O choque equivale à *aniquilação do sentimento de si*, da capacidade de resistir, agir e pensar com vistas à defesa do si mesmo (1932), e é a força desse choque, da excitação "insuportável", que determina o grau e a profundidade da decomposição do *ego*.

O *traumático* tem sempre o caráter *imprevisível, surpreendente, incompreensível* e, portanto, "insuportável". Falar do *trauma em Ferenczi* implica falar do *irrepresentável*, da *realidade de um fato*, de um *abuso*, seja este sexual ou de outra ordem, do *desmentido* e de processos que operam como *consequência* dele: *clivagem, autotomia, identificação com o agressor, progressão traumática, repetição, regressão narcísica* e *alucinação negativa*.

O traumático cria lacunas, atomiza o *ego*, atenta contra o sentimento de si, impedindo, por sua vez, que o processo de introjeção[6] – tão vital para o crescimento psíquico – aconteça. O *trauma* apresenta-se como o exemplo mais gritante da "introjeção impossível". Impossível, enquanto não pode atribuir representações e sentidos ao evento, dificultando, ou melhor

---

[6] No artigo "O conceito de introjeção", Ferenczi (1912) diz: "Descrevi a introjeção como a extensão ao mundo exterior, do interesse, de origem autoerótica, pela introdução de objetos exteriores na esfera do *ego*". Todo amor objetal é para Ferenczi uma extensão do *ego* ou introjeção. "É a esta união entre os objetos amados e nós mesmos, esta fusão desses objetos com o nosso *ego*, que chamei de introjeção" (p. 61). A introjeção, clarifica Renato Mezan (1993), se diferencia da projeção por dois motivos: o primeiro é que enquanto "a introjeção alarga a esfera do eu, nela incluindo partes do mundo exterior... [pelo qual Ferenczi] pode afirmar que o eu do neurótico está 'patologicamente dilatado'... na projeção ocorre o movimento inverso: a libido *retrai-se* para o eu e desinveste o mundo exterior". A segunda diferença importante entre os dois mecanismos [tem a ver com que] a projeção implica a inversão daquilo que está sendo projetado, tanto inversão do afeto (de amor para ódio ou vice-versa) quanto do sujeito do sentimento (não sou eu que o amo, mas ele que me odeia-Screber). A diferença fundamental entre projeção e introjeção, assim, não reside na direção do movimento, que é a mesma (de si para fora), mas no destino dado aos sentimentos e afetos deslocados para o objeto" (p. 23). Mezan também acrescenta a distinção, que poucas vezes se faz, no discurso analítico entre *introjeção* e *incorporação*: "na incorporação," dirá, "a perda fundamental é a perda do objeto; ela vem compensar, por um mecanismo de interiorização, esta perda sentida como intolerável, através da construção no *ego* de um verdadeiro monumento ao objeto perdido ("Luto e melancolia"). Ora como observa agudamente Maria Torok (1993), a introjeção pressupõe a presença do objeto a ser introjetado, e se interrompe quando este vem a faltar"(p. 26).

Teresa Pinheiro (1995), explicando o processo de introjeção, diz que para Ferenczi este conceito define a forma de funcionamento e de apropriação de sentidos do aparelho psíquico. É a inclusão na esfera psíquica de representações, valores e sentidos emanados dos investimentos de objeto. Ferenczi (1995) atribui à introjeção nada menos que a importância de ser o primeiro processo fundante do aparelho psíquico. Ele faz a inscrição do diferencial prazer/desprazer. "No aparato psíquico concebido por Ferenczi é a introjeção que determina a imersão do sujeito no universo simbólico da subjetividade (p. 46).

impedindo, a inscrição psíquica; impossível, pelo congelamento e imobilidade que provoca, porque o "choque inesperado, não preparado e esmagador age por assim dizer como um anestésico no aparelho psíquico... [produzindo uma] suspensão de toda espécie de atividade psíquica, somada à instauração de um estado de passividade desprovido de toda e qualquer resistência. A paralisia total da motilidade inclui também a suspensão da percepção, simultaneamente com a do pensamento". E continuando a explicar os efeitos que o choque provoca acrescenta: "A consequência dessa desconexão da percepção é que a personalidade fica sem nenhuma proteção. Contra uma impressão que não é percebida não há defesa possível. Essa paralisia total tem por consequência: 1) que o curso da paralisia sensorial será e ficará, duradouramente, interrompido; 2) que durante a mesma aceitar-se-á sem resistência toda impressão mecânica e psíquica; 3) que nenhum traço mnêmico subsistirá dessas impressões, mesmo no inconsciente, de sorte que as origens da comoção são inacessíveis pela memória. Se, entretanto, se quiser esperá-las (o que, logicamente, parece quase impossível), nesse caso deve-se repetir o próprio traumatismo em condições mais favoráveis, levá-lo, *pela primeira vez*, à percepção e à descarga motora" (1932 [1992; p. 113]).

A importância da *realidade dos fatos*, do *abuso* e do *desmentido* aparece de forma mais clara nos últimos textos publicados: "Análise de crianças com adultos", "Confusão de línguas entre os adultos e as crianças" e o "Diário clínico" e naquele publicado postumamente como "Notas e fragmentos".

Na comunicação apresentada em setembro de 1932 no XII Congresso Internacional de Psicanálise a respeito de "Confusão de língua entre os adultos e as crianças" (1933), Ferenczi retoma a importância do *fator externo traumático* (muitas vezes sexual) e da força essencial do *desmentido* para o desencadeamento do "trauma desestruturante" e a preocupação do risco da *retraumatização* no contexto da análise.

Ferenczi insiste na realidade do trauma, da cena de sedução que aparece muitas vezes em razão do que ele chama "confusão de línguas". A criança, em um jogo lúdico, se aproxima do adulto no nível da ternura (sexualidade não genital) e o adulto, não compreendendo esta expressão, responde motivado pelos seus desejos com a linguagem da paixão. Esse desencontro de "línguas" gera, especialmente para a criança, muita "confusão". Sua reação, diz Ferenczi, diante desse excesso e invasão, deveria ser de "recusa, ódio, desgosto, uma resistência violenta"; no entanto, a criança não consegue reagir e inibe-se pelo medo diante da imposição, se submete e acaba se identificando – para se proteger do perigo e do ódio – com o agressor. Pela identificação, introjeta o sentimento de culpa do adulto, até então incompreensível e enigmático para a criança, que passa a se sentir envergonhada (pela culpa e vergonha alheia que introjeta), exigindo ser punida. A *identificação com o agressor* consegue, então, em alguma medida: garantir que o objeto permaneça conservando uma imagem suficientemente boa dele (quem a agrediu é muitas vezes de quem a criança depende); opor-se à angústia, ao ódio e à agressão que a situação desperta; e ocupar uma posição que lhe permita elucidar, a partir de uma situação similar, o enigma da culpa. A agressão, a confusão, a surpresa, a violência e o choque impedem a criança de mobilizar o recalque, produzindo uma defesa mais drástica, a *clivagem*, pela qual passa a se sentir, ao mesmo tempo, "inocente e culpada".

A confusão instalada pela resposta do adulto (de paixão e culpa) é reforçada quando a criança, querendo saber sobre o acontecido, pergunta para um outro adulto, que não suportando o relato, a *desmente* na sua vivência, subestimando ou descaracterizando o fato.

O *desmentido* do fato real, como observa Pinheiro (1993), inviabiliza a introjeção, a inscrição psíquica de todo evento traumático, restando somente para o sujeito ferido uma vivência sensorial, inacessível à memória e à palavra, porém existente. O *desmentido*, que impede a representação do acontecido, é a causa primordial para que o trauma se torne desestruturante, atenta contra o eu do sujeito, colocando em questão o jogo de identificações.

Um agravante a essa situação se produz quando o sentimento de culpa do adulto "transforma o objeto de amor em um objeto de ódio e de afeição, isto é, num objeto ambivalente". Esse ódio do adulto acaba "surpreendendo", "espantando" e "traumatizando" duplamente a criança até então amada por esse adulto.

A "*clivagem*", a "*autotomia narcísica*" (cuja ênfase está nas partes que se perdem), e a "*progressão traumática*" são também (junto, como vimos, com a identificação com o agressor) respostas possíveis para o trauma. Pela *clivagem* o *ego* cinde-se, o trauma fica fora do recalque e da representação, excluindo a vivência traumática de qualquer contexto significativo. Quando a clivagem é provocada pelo abandono, o psiquismo cinde entre a parte preservada e uma outra que desempenha o papel da mãe ou do pai, tentando tornar nulo o abandono. A clivagem é a tentativa de "fazer o trauma não acontecer", restando para o psiquismo as parcelas dispersas dos fragmentos clivados. Ferenczi explica o processo defensivo da perda de partes de si mesmo, "da fuga psíquica diante de sentimentos demasiado intensos de desprazer" (1915 [1993, p. 276]) pelo modelo biológico da *autotomia*. Por esse processo, "o animal desprende de seu corpo, ou 'deixa cair' literalmente, por meio de movimentos musculares específicos, aqueles de seus órgãos que estiverem submetidos a uma irritação excessivamente intensa ou que, de algum modo, o façam sofrer" (*Ibid.*, p. 276). A autotomia teria – assim como a clivagem – uma função de defesa e proteção "contra a dor, contra o trauma, contra a catástrofe, na qual se deixa algo morrer para preservar a vida", (Figueiredo, 1999, p. 135)... mata-se uma parte para que a outra viva.

Pela "*progressão traumática*", a criança também reage ao abuso do adulto, ao trauma. Pela "progressão (em oposição à regressão), ocorre um amadurecimento prematuro de uma *parte* da personalidade, de seus pensamentos e sentimentos, que a deixa exposta aos mesmos riscos da maturidade precoce de um 'fruto bichado'" (1933; p. 354). No texto de 1923 "O sonho do bebê sábio", Ferenczi já apontava para esta sorte de sabedoria precoce da criança, com a qual ela olha e interpela o adulto a partir de um saber efetivo sobre a sexualidade, ainda não distorcida pelo efeito do recalque.

A força mimética que leva a criança a defender-se clivando, perdendo partes de si e identificando-se com quem a ameaça e agride, leva Ferenczi a falar do psiquismo traumatizado como aquele composto basicamente de *id* e *superego*, psiquismo que deixa fora do combate o *ego* e sua função de síntese.

A relação analista-analisando, no centro das preocupações ferenczianas, é o cenário mais eloquente não só da *repetição do trauma*, mas da evidência do risco da *retraumatização* no âmbito da análise. Ferenczi observa que embora, muitas vezes, no trabalho de análise os pacientes se sentissem insatisfeitos com os resultados – seja pelo retorno dos sintomas ou pela substituição desses por outros –, eles não conseguiam colocar suas insatisfações e muito frequentemente as dissimulavam e "ao invés de contradizer o analista e acusá-lo de fraqueza ou de cometer erros, se identificavam com ele" (1933; p. 348) reprimindo assim qualquer crítica. Reproduziam, dessa forma, sem perceber, as relações submissas que lembravam as vividas traumaticamente.

Quando sentimentos de antipatia, insensibilidade, frieza, falta de sinceridade e hipocrisia (envolvidos muitas vezes por um véu de aceitação) estão presentes no analista, o analisando, que indefectivelmente os capta, é levado a dissimular suas percepções, a deixar de colocar seus afetos mais genuínos, a reprimir o que sente e passa a se identificar com o analista por temor a perdê-lo. Dessa forma, diz Ferenczi, "empurramos o doente à reprodução do trauma" (1931 [1988]; p. 350). Somente o reconhecimento do analista de seus sentimentos velados em relação ao paciente, a autêntica simpatia e a declaração sincera de seus erros podem levá-lo a ganhar a confiança do paciente e instituir uma modalidade de relação necessária para estabelecer um contraste "entre o presente e o passado insuportável e traumatógeno" (*Ibid.*, 350).

Entre 1919 e 1933, Ferenczi, preocupado em diminuir o sofrimento, intervir nos processos de estagnação e abreviar a duração dos tratamentos, indaga-se, reflete e desenvolve a "*técnica ativa*" em contraposição ao que ele define como passividade da técnica clássica. Esse recurso, cujo protótipo, ele salienta, encontra-se em Freud (em especial no manejo da neurose de angústia), propõe intervir nos processos de estagnação provocando um corte no circuito pulsional e um "aumento artificial da tensão". Trata-se de obstruir reações repetitivas de descarga e mobilizar as energias estimulando a *repetição de experiências traumáticas precoces*, sem as quais o tratamento não poderia alcançar um fim exitoso. Por meio de injunções[7], proibições[8],

---

[7] Pela injunção, "pretende-se que os analisandos inibidos possam ordenar o seu fantasma na cena transferencial, até que aquele atinja o paroxismo que revela o seu gozo e a sua verdade" (Birman, 1988; p. 213). Trata-se de revelar os fantasmas presentes na estagnação e revivê-los na relação com o analista.

[8] A proibição trata "de interditar o escoamento direto da energia pulsional que se realiza em atos na relação transferencial, de forma a possibilitar a transposição simbólica e a rememoração dos fantasmas que ordenam este circuito pulsional" (Birman, 1988; p. 213).

estímulos e inibições, intercepta vias inconscientes habituais e patológicas de escoamento da excitação, promovendo novos fluxos de energia e a consciência do desprazer até então inconsciente. Dessa forma, a "atividade" incidiria sobre as "vias anormais de satisfação", sobre os circuitos repetitivos, sobre os processos associativos do paciente e sua atividade fantasmática, permitindo-lhe ficar mais apto para a abertura de novos investimentos e para o trabalho de interpretação.

Nas "Dificuldades técnicas de uma análise de histeria", Ferenczi vai dar mostras da atividade em uma história clínica que "não fazia qualquer progresso" (1919 [1988; p. 121]). Fixando primeiro um término para o tratamento e proibindo depois uma postura (manter as pernas cruzadas durante toda a sessão) com a qual a paciente parecia extrair uma satisfação masturbatória – retirando assim o investimento da transferência – Ferenczi tentou livrar a paciente da estagnação do processo, interceptando a repetição contida nessa modalidade autoerótica de satisfação pulsional. Imediatamente, manifestaram-se movimentos significativos que se concluíram com a recuperação de lembranças associadas "... às circunstâncias mais importantes da doença" (*Ibid.*, p. 122). No entanto, pouco depois, as melhoras desapareceram, e os sintomas transformaram-se em substitutos satisfatórios do onanismo. Novas proibições, então, com o propósito de continuar bloqueando tais vias de satisfação e promover novos *insights*, permitiram refazer de maneira mais firme o circuito pulsional por caminhos mais saudáveis. Nesse momento de entusiasmo com as mudanças, Ferenczi atribuiu a causas econômicas a razão para que as proibições e injunções produzam mudanças. Em um trecho de seu texto nos diz: "Trata-se então [...] de represar as vias inconscientes e habituais de escoamento de excitação e de obter pelo constrangimento o investimento pré-consciente, assim como a versão consciente do recalcado" (*Ibid.*, p. 126). Tenta-se, assim, liberar por meio do ato a libido presa nos circuitos repetitivos, permitindo-lhe ficar mais apta para um trabalho de interpretação e para abertura de novos investimentos.

Apesar dos benefícios, a "atividade" pode também desencadear resistências, tensões psíquicas, exacerbar sintomas e conflitos internos. Em "Contraindicações à técnica ativa" (1926), Ferenczi faz um acerto de contas com a "técnica ativa", expondo seus benefícios, mas também seus riscos: a tensão que esse tipo de intervenção gera e as consequências negativas para a transferência e o risco em reproduzir pelas imposições, sejam injunções ou proibições, uma modalidade de relação passiva e traumática similar à mantida anteriormente com as figuras parentais. Por isso, Ferenczi tenta, muitas vezes, em acordos intelectuais com o paciente, dominar qualquer impaciência e intolerância de sua parte e a prática de uma técnica "elástica"[9] em que suas intervenções tenham mais um

---

[9] A expressão "elasticidade da técnica" – oferecida a Ferenczi (1928) por um paciente – é desenvolvida em um artigo do mesmo nome de 1928. "Deve-se, como um elástico, ceder às tendências do paciente, mas sem abandonar a pressão na direção de suas próprias opiniões, enquanto a inconsistência de uma dessas duas opiniões não estiver plenamente comprovada... Buscamos, é óbvio, nos colocar no mesmo diapasão do doente, sentir com ele todos seus caprichos, humores,

caráter de proposição do que de asserção categórica, em que seja possível "confessar o erro", admitindo assim os limites e o caráter muitas vezes hipotético do nosso saber. A análise não deve nunca começar pela atividade, diz Ferenczi, pois ela ameaça a constituição de uma sólida transferência positiva. Essa técnica fica reservada para quando a transferência estiver suficientemente desenvolvida e favorável e seja necessário dar um "tom de vivência atual para convencer o paciente".

Ferenczi também questiona *"fixar um limite de tempo"* para finalizar o tratamento (o que, inspirado em O. Rank, tinha utilizado com frequência). Essa medida é útil em momentos excepcionais, diz, e sempre que se possa rever, caso contrário, pode-se constituir em uma arbitrariedade pelo "caminho traumático do aviso prévio".

Na prática da *"análise mútua"*[10], em que ambos, paciente e terapeuta, são analisando e analista, em que a explicitação das "transferências mútuas" quebra a assimetria e os afetos fingidos,

---

mas nos mantemos firmes, até o fim, em nossa posição ditada pela experiência analítica" (p. 312).

[10] É no "Diário clínico", escrito entre janeiro e outubro de 1932, no qual fica claramente exposta esta tentativa de "análise mútua" que Ferenczi também questiona e abandona mais tarde. Por meio dessa prática, Ferenczi flexibiliza o enquadre, tira a análise do eixo basicamente intelectual e assimétrico, mexe com as transferências parentais que a análise clássica promove com mais força, permite um aprofundamento no trabalho de "autoanálise" do analista (difícil de levar em frente sem a presença de um outro) e institui um espaço de franqueza e transparência dos afetos envolvidos. Quando Ferenczi passa a descrever as objeções desta técnica, fala dos riscos de desviar a atenção do paciente, da impossibilidade de que todos tenham condições de analisar, estimulando ou exacerbando muitas vezes ideias paranoides já presentes.

Ferenczi também dá mostras de sua atividade. Uma atividade que não se baseia, exclusivamente, como já observei (Uchitel; 1997), no deslocamento de quantidades, na interdição de descargas ou no escoamento de energias, mas, e fundamentalmente, na aposta do espaço da análise como um espaço destraumatizante que se utiliza da confiança e sinceridade do analista para se *opor ao desmentido*, que opera para Ferenczi como a verdadeira fonte do trauma.

Mais do que concluir sobre a validez ou não da "técnica ativa", podemos dizer que Ferenczi problematiza a técnica "clássica", dando mostras ele mesmo da sua "atividade", "elasticidade" e "mutualidade". Ferenczi vive o trauma, e sua escrita é o que mais se assemelha a uma tentativa de elaboração e ligação do trauma. E essa escrita, fruto do trauma, também subverte, surpreende e traumatiza. Destraumatizar é reconhecer o "real traumático", soldar as partes cindidas, ou melhor, ligar e comunicar os diversos fragmentos atomizados pela clivagem, abordar e interceptar a compulsão repetitiva, ficando atentos ao trauma que não aparece no discurso, mas no ato. Destraumatizar é promover a escrita da história em primeira pessoa, com as coincidências, as diferenças e originalidades.

No posfácio do "Diário clínico" (1990), Pierre Sabourin nomeia alguns escritores que, implícita ou explicitamente, apresentam elementos de contato com os pontos de vista de Ferenczi. Tentar circunscrever claramente o que a cada um lhe corresponde seria supor uma demarcação territorial e uma pureza teórica que, na produção sempre coletiva do conhecimento, não é possível. Ao mesmo tempo, ignorar o peso – às vezes bem pesado – das influências dos que precederam ou habitaram contemporaneamente um mesmo tempo e espaço é perder as raízes de um pensamento que nunca é produto de geração espontânea.

Tanto em Winnicott, em Masud Khan e em Laplanche, o conceito de trauma ocupa um lugar importante na montagem teórica e nas consequências clínicas. Nos três, os pontos de derivação, ou pelo menos de contato, com respeito a Ferenczi são vários: em Winnicott encontramos alguns desses pontos coincidentes na importância que ambos atribuem ao desamparo, ao sentimento inicial de onipotência, à necessidade da ilusão para uma futura desilusão progressiva, à elasticidade no *setting*, à qualidade da relação analista-analisando e à necessidade, também, de acompanhar na análise a revivência do trauma, da "coisa temida", para poder incluir, depois, a compreensão e o *insight* analítico.

Em Masud Khan, encontramos os pontos de encontro no "micro-trauma cumulativo", na importância da regressão e da revivência do trauma na situação analítica e na ideia da "progressão traumática", uma maturação precoce que mostra o estrago do amadurecimento precoce de um "fruto bichado".

E, por fim, em Laplanche, as derivações ou coincidências centrais partem da importância que tanto este autor como Ferenczi atribuem ao confronto entre duas linguagens diferenciadas: a do mundo adulto e a do mundo da criança. O próprio Laplanche aclara: O texto "Confusão de línguas" de Ferenczi é um verdadeiro prefácio da teoria da sedução generalizada. Em ambos também o conceito de enigma, seja sob a forma de "enigma da culpa" em Ferenczi, ou sob a forma dos "significantes enigmáticos" em Laplanche, tem uma importância-chave no desenrolar traumático.

Donald W. Winnicott

Embora o conceito de trauma em Winnicott se encontre presente ao longo de toda sua obra, três de seus textos: "Recordações do trauma do nascimento" (1949), o "Medo do colapso" (1963) e "O conceito de trauma em relação ao desenvolvimento do indivíduo dentro da família" (1965), condensam uma boa parte das suas posições sobre o tema.

O trabalho teórico de Winnicott emana do contato direto com a clínica. Nada menos do que cerca de 60 mil pacientes[11] examinados por ele vão dar o aval às suas colocações teóricas e intuições terapêuticas. O trauma encontrará um estatuto reconhecido na teoria e será fonte de inspiração para muitas das suas abordagens técnicas. Embora possua um papel bastante

---

[11] Referência que aparece na "Apresentação à edição brasileira" do livro "Explorações psicanalíticas" (1994; p. viii). Parece-me importante mencionar que Masud Khan (1991), no relato de um caso compartilhado com Winnicott, faz referência a um comentário deste último, no sentido de que ele teria visto em consulta, até essa época (poucos anos antes de sua morte),cerca de sete mil crianças. Embora eu pense que aos 60 mil (que devem incluir também seus atendimentos pediátricos) se lhe acrescentou possivelmente um zero, o número continua sendo muito alto.

definido e circunscrito, o conceito de trauma se encontra também entrelaçado a outras categorias teóricas que Winnicott aprofunda, como à *teoria do desenvolvimento* (segundo a qual o trauma seria a consequência do fracasso na relação mãe – bebê; o efeito de um ambiente pouco ou nada facilitador que impede a integração do *self*[12] e a passagem necessária de um estado de dependência absoluta à independência); à *teoria do self* (quando a realidade adversa, traumática, impõe como defesa a construção de um *falso self*[13] que impede a prevalência do *self verdadeiro*, a *integração*, a *personalização* e a *apreciação*

---

[12] A categoria de *"self"* é essencial ao construto teórico winnicottiano. "Para mim", diz Winnicott, "o *self*, que não é o *ego*, é a pessoa que eu sou, que é somente eu, que possui uma totalidade baseada na operação do processo maturativo. Ao mesmo tempo o *self* tem partes e é, na verdade, constituído dessas partes. Tais partes se aglutinam, em um sentido interior-exterior no curso da operação do processo maturativo, auxiliado, como deve sê-lo (principalmente no início) pelo ambiente humano que o contém, que cuida dele e que de forma ativa facilita-o. Normalmente, o *self* se acha localizado no corpo, mas pode, em determinadas circunstâncias, dissociar-se do corpo nos olhos e na expressão facial da mãe e no espelho que pode vir a representar o rosto da mãe. Finalmente, o *self* atinge a significativa relação entre a criança e a soma das identificações que (depois de bastante incorporação e introjeção de representações mentais) se organizam em forma de uma realidade interna psíquica viva" (1988; p. 45).

[13] As denominações *"self* falso" e *"self* verdadeiro", escreve Winnicott, "são utilizadas na descrição de uma organização defensiva na qual se dá uma assunção prematura das funções de amamentação da mãe, de maneira que o bebê ou a criança se adapta ao meio ambiente ao mesmo tempo em que protege e oculta o *self* verdadeiro, ou a fonte dos impulsos pessoais [...] nos casos típicos, o *self* verdadeiro aprisionado é incapaz de funcionar e, por ser protegido, sua oportunidade de experiência viva é limitada. A vida é vivida através do *self* falso complacente e o resultado disso, clinicamente, é um senso de irrealidade". Enquanto o *falso self* é o efeito da submissão e excessiva adaptação ao meio, o *self verdadeiro* é a expressão da criatividade e espontaneidade. "O impulso real só pode provir do *self* verdadeiro e, para que isso aconteça, alguém precisa assumir as funções defensivas do *self falso*" (1994; p. 36).

das categorias de tempo e espaço)[14]; ou à *teoria das relações de objeto* (em que a ausência de *holding*, a falha nos cuidados maternos[15] e a falta do objeto externo estruturante dificultam a construção de objetos e espaços transicionais[16] e a experiência da ilusão – desilusão[17], base do princípio de realidade e dos futuros processos simbólicos).

---

[14] A *integração, personalização* e *apreciação do tempo e do espaço* são "três processos iniciais do desenvolvimento" que não são garantidos e naturais, mas, pelo contrário, precisam se desenvolver. A atenção a essas categorias é imprescindível para entender o desenvolvimento, uma vez que Winnicott postula, uma "não integração primária" da qual é possível não evoluir, ou voltar quando os processos antes citados fracassam. O estado primário não integrado é quem oferece uma base para a desintegração. Algo que parece muito óbvio, diz Winnicott, como a localização do *self* no próprio corpo, não é. Como exemplo conta o caso de uma paciente psicótica que dizia que "quando era bebê pensava que sua irmã gêmea do outro lado do carrinho era ela mesma. Sentia-se mesmo surpresa quando a irmã era pega no colo e ela permanecia onde estava. Seu sentido de *self* e de outro-que-não-o-*self* não se desenvolvera (1945 [1988]; p. 274-5).

[15] *Holding* e *falha nos cuidados maternos* remetem-nos de início a um conceito central no pensamento winnicottiano que é o da *"mãe suficientemente boa"*, imprescindível quando se quer explicar o desenvolvimento da criança e a construção do *self*. Por essa expressão, Winnicott alude a uma relação em que a mãe se identifica temporariamente com seu bebê, proporciona o sentimento de que o ama e pode fazê-lo acreditar que o objeto é criado por ele, fornecendo a base para um *senso de ser* que antecede à ideia de ser um só (1966 [1994]; p. 37 e141).

[16] Em "O brincar e a realidade"(1975), Winnicott escreve: "Introduzi os termos 'objetos transicionais' e 'fenômenos transicionais' para designar a *área intermediária de experiência*, entre o polegar e o ursinho, entre o erotismo oral e a verdadeira relação de objeto, entre a atividade criativa primária e a projeção do que foi introjetado" (1975; p. 19). Winnicott assinala que o objeto transicional não é o objeto em si: o pano ou o ursinho que o bebê manipula, mas o uso do objeto.

[17] Os processos de ilusão-desilusão estão na base da passagem do princípio do prazer para o princípio de realidade e dos processos de simbolização. A ilusão (ilusão de onipotência, "impressão de se ter tudo que se quer e não se ter nada mais a desejar" Ferenczi (1913 [1988]; p. 77) abre caminho para acreditar na realidade "como algo acerca do qual se pode ter ilusões" e nas possibilidades de

No primeiro texto mencionado, Winnicott coloca a problemática anteriormente abordada por Otto Rank e criticada por Freud sobre a importância do momento do nascimento como matriz da reação traumática e da angústia. Se, por um lado, Winnicott destaca a importância do trauma *no* nascimento, também esclarece que nem todo nascimento inclui um efeito traumático. A *experiência do nascimento* e o *trauma do nascimento* (ou no nascimento) nem sempre coincidem. O trauma no nascimento não é para ele um fato genérico, universal, presente em todo sujeito. Apenas algumas vivências no nascimento se tornam traumáticas: "a experiência de nascimento, cuja anormalidade ultrapasse um certo limite torna-se trauma do nascimento, passando então a ser imensamente significativa". Ou seja, Winnicott distingue (embora diga que não pode prová-lo) entre o nascimento "normal", que imprime uma experiência positiva, valiosa, saudável, que contribui para o desenvolvimento da "confiança", "estabilidade" e "segurança", e para "promover a força e a estabilidade do *ego*" (*Ibid.*, p. 323), cujo material dificilmente aparece na análise, e o nascimento traumático[18] que impõe um certo padrão de angústia, um *sen-*

---

esta realidade ser criada pela própria criança. Depende da mãe permitir "que o bebê tenha a *ilusão* de que o que está lá é algo criado por ele" (1948 [1988]; p. 296). A partir do estabelecimento da capacidade de ilusão depende a facilidade com que [a mãe] desempenhará sua próxima tarefa, a desilusão gradual (desmame), degrau imprescindível para a instalação do princípio de realidade.

[18] Winnicott fala de dois graus de nascimento traumático: o primeiro comum, "cujos efeitos podem ser amplamente anulados por um bom manejo consequente" e outro "definitivamente traumático, difícil de ser neutralizado" mesmo sendo extremamente cuidado posteriormente (1949 [1988]; p. 334).

timento de desamparo, o sentimento de um "adiamento infinito" (*Ibid.*, p. 330) e cujo material aparece mais claramente – em particular nos casos *borderline* – junto com os outros materiais na análise.

Pensando no parentesco entre angústia e trauma do nascimento, Winnicott escreve que não é possível pensar na angústia como efeito do trauma, pois dessa forma quem se poupou do trauma não apresentaria angústia. A *angústia* seria melhor entendida como efeito de uma *experiência inefável, indizível*, que escapa, que acontece "quando um indivíduo encontra-se nas garras de uma experiência física (seja ela excitação, raiva, medo ou qualquer outra coisa) que ele *não pode nem evitar nem compreender*" (*Ibid.*, p. 322, grifo meu). No entanto, isso também parece aproximar a angústia do trauma, de tal forma que, em toda angústia, estariam presentes os sinais do trauma, assim como em cada trauma, os componentes da angústia.

O trauma tem uma grande importância quando ocorre nos inícios da vida, inclusive na fase intrauterina. Assim, por exemplo, Winnicott comenta o caso de uma paciente cujos problemas parecem ter começado muito cedo, quando "houve uma percepção prematura despertada *antes* do nascimento por causa de um pânico materno" (1963 [1994; p. 75], grifo meu). A percepção do *ego* pode ser mobilizada muito precocemente e o nível de desenvolvimento e integração do *ego*, quando o trauma acontece, é fundamental para compreender os diferentes significados que assume o trauma. Considerando os estados iniciais do desenvolvimento fundamentais para a integração do sujeito, as falhas nesse período, especialmente as falhas na função materna, poderão ocasionar consequências dramáticas. O termo angústia, disse Winnicott, é insuficiente para dar a dimensão do que essas falhas, ausências, intrusões desmedidas ou fracassos na função de sustentação da mãe provocam para a criança pequena. Por isso ele fala em "colapso", "agonia" e "tormento".

O *trauma* no início da vida relaciona-se com a *ameaça de aniquilamento*, com as *agonias primitivas* ou *angústias impensáveis*[19]: com o despedaçar-se, desintegrar-se, com o cair para sempre, com a ausência do "conluio psicossomático" ou ausência de orientação, com o sentimento de estar totalmente isolado e sem possibilidades de se comunicar, de se relacionar com os objetos. Por *"colapso"* entende o fracasso na organização das defesas na luta contra a ansiedade ou contra a "agonia original" e a possibilidade de desintegração do *self* (na psicose). O

---

[19] Loparic (1996), explicando a fonte e natureza destas angústias impensáveis, fala que são angústias porque, estando na origem da própria existência, provocam o *"medo de retorno a um estado de não integração* (e, nesse sentido, de aniquilação e de quebra da linha do ser), o medo da perda de contato com a realidade, da desorientação no espaço, do desalojamento do próprio corpo, pânico num ambiente físico imprevisível, etc." São impensáveis "porque não são definíveis em termos de relações pulsionais de objeto, baseadas em relações representacionais de objeto (percepção, fantasia, simbolização). [...] os estados que dão origem às angústias impensáveis acontecem *antes* do início da atividade relativa a mecanismos mentais e forças instintuais [...] elas não podem em princípio ser entendidas, pensadas, em termos do conflito gerado na situação edípica. [...] dão-se diante do encontro com o mundo, inesperado e incompreensível para o bebê, em um determinado estágio de amadurecimento. Angústias que delatam a falta dos cuidados maternos, de "uma mãe suficientemente boa", de *holding*, angústias que definem um "inconsciente constituído de interrupções ou colapsos" e de regressão à dependência em que se deu o colapso traumatizante" (1996; p. 45-47, grifo meu).

colapso acontece quando a organização do eu e suas defesas se veem ameaçadas, quando se vencem e ultrapassam as defesas, quando as ansiedades se tornam impensáveis, quando os cuidados do meio fracassam e a criança é jogada a seu autocuidado quando ainda não é capaz de se cuidar e se defender. O medo do colapso não é o medo do que pode acontecer, mas do que já aconteceu. "O medo clínico do colapso é o *medo de um colapso que já foi experienciado*. Ele é o medo da agonia original que provocou a organização da defesa que o paciente apresenta como síndrome de doença" (1963 [1994; p. 72]).

Para Winnicott, o *trauma* é o efeito de uma intercorrência em um processo que poderia ter progredido *naturalmente* de forma favorável se contasse com um meio ambiente facilitador. Nos primeiros momentos do desenvolvimento, quando a criança pequena ainda não diferencia o eu do não eu, ela precisa da mãe no papel de *ego auxiliar* para que seu eu vá gradualmente tomando forma. Mas não é só a mãe que pode exercer a função protetora e de sustento; a família, a quem Winnicott atribui uma grande importância, também pode e deve exercê-la: "a família fornece à criança que cresce uma *proteção quanto ao trauma*" (1965; p. 102). Mas, na mesma medida em que essa família pode oferecer proteção à criança, pode também perturbá-la, podendo não só evitar, mas também produzir traumas.

O *trauma* provoca um *congelamento da situação de fracasso*, uma "interrupção da continuidade do *self*" e um sentimento de desamparo presente pela "natureza intolerável de se experimentar alguma coisa que não se sabe quando termina" (*Ibid.*, p. 327)... e que, na verdade, não acaba. A *experiência original da agonia primitiva* – o trauma – não pode cair no passado e se apresenta de forma indefinida, "a menos que o *ego* possa primeiro reuni-la dentro da sua própria e atual experiência temporal e do controle onipotente com a ajuda do *ego* auxiliar da mãe ou do analista"(1963; p. 73).

O processo analítico deve permitir vivenciar "*o medo de um acontecimento passado que ainda não foi experienciado*" (1963 [1994; p. 73-76]). Portanto, é necessário reviver na transferência o acontecido e sua agonia. O paciente pode reproduzir em sessão o colapso e o analista deve poder cooperar para que, pela compreensão e *insight*, o colapso possa ser elaborado. Não há fim da análise, diz Winnicott, "*a menos que a coisa temida tenha sido experienciada*" (*Ibid.*, p. 74]). Essa vivência na análise tem, para o sujeito que "não viveu" o acontecido, a importância que a recuperação da lembrança pode ter para quem o viveu, mas não lembra.

A denegação pelo adulto do acontecido com a criança – como o desmentido de Ferenczi – e a experiência que tira a criança do "lugar que lhe cabe de direito" são também razões para o trauma. No relato de um fragmento de sessão com uma paciente adolescente que, no transcurso do tratamento, é hospitalizada e ali molestada por um homem, Winnicott relata: "Minha paciente fez o comentário: 'Não é justo'. Só podia concordar com ela e lhe disse isso. Ela não pôde colocar em palavras a natureza completa do trauma, o fato de que a doce inocência que pertence à fase de seu desenvolvimento emocional e que ela, de modo inteiramente correto, retratou em termos de balé, estava sendo estragada pela introdução prematura da sexualidade de um homem" (1994). Esse episódio que poderia ter provocado um trauma pôde ser poupado desse desenlace pelo tratamento que estava em marcha e por haver podido acreditar e depositar no terapeuta toda a confiança que aprendeu a ter com sua própria família. O choque, que podia ter permanecido como trauma, teve outro encaminhamento, "em grande parte, por causa do fato de ela se achar intimamente em contato comigo; o fato de ela possuir sua própria família e confiar absolutamente em todos os membros dela foi o fator constante que a capacitou a *acreditar em mim e utilizar-me*" (1994).

O trauma, nos primeiros momentos da vida, lesa o desenvolvimento e a construção de um *self* verdadeiro. O fracasso do meio ambiente ou seu sucesso são decisivos para definir a trajetória do *ego*. Quando o fracasso ocorre, torna-se necessário *retomar na análise a situação traumática congelada* reatualizada pela via da *regressão*. O trabalho com o trauma requer então retroceder no desenvolvimento, por meio da regressão à dependência, até onde o paciente precise, às vezes antes do nascimento, "de forma a chegar além do período no qual os impactos tornaram-se múltiplos e impossíveis de ser manejados" (1949 [1988; p. 338]).

O *setting*, como representante do meio ambiente, capaz de entorpecer ou contribuir com o desenvolvimento, é de uma importância relevante na teorização winnicottiana. A situação da análise, diz Winnicott, impõe a necessidade de um *setting* que transmita segurança, inspire confiança, permita a *regressão* à dependência[20] e a reinstalação das relações traumáticas mais primitivas, como ponto de partida para descongelar a situação de fracasso e transformar a partir de uma nova posição do *ego*, o predomínio do falso *self* – criado na luta e na defesa contra situações frustrantes – pelo predomínio do *self* verdadeiro. O *setting* muda com respeito ao enquadramento clássico – desenvolvido na sua origem sob o olhar da neurose – para um enquadramento mais flexível que, contemplando as patologias mais comprometidas, em termos do "desenvolvimento emocional primitivo", permita, em um primeiro momento, mais do que interpretar, *viver experiências organizadoras* que não puderam ser vividas oportunamente nos primeiros momentos de vida. O analista deverá poder restituir a confiança, a função falida materna, para que, com uma postura implicada, mas não intrusiva, torne possível rever e reconhecer as falhas primárias ambientais.

A consideração sobre o papel determinante do ambiente não só sugere e traz inovações na concepção do *setting*, mas

---

[20] O conceito de regressão é de fundamental importância quando se trata de pacientes com graves perturbações. Não se trata de regressão a um ponto de fixação, que remete a aspectos intrapsíquicos, "a elementos instintivos primitivos" da criança. Para Winnicott, é importante a consideração neste conceito do *meio*. "A regressão representa a esperança do indivíduo psicótico de que certos aspectos do ambiente que falharam originalmente possam ser revividos, com o ambiente dessa vez tendo êxito ao invés de falhar na sua função de favorecer a tendência herdada do indivíduo a se desenvolver e amadurecer"(1959-1964 [1983]; p. 117).

também, como bem assinala Ab'Sáber (1996), na própria metapsicologia, "incluindo o ambiente como dimensão estruturante em todo o processo" (p. 21).

Além dos tratamentos que vão tomando forma ao passo das necessidades, ficam definidas algumas modalidades de intervenção, como a estabelecida *em função da demanda do paciente* ou a *consulta terapêutica*, uma abordagem em que os atendimentos são feitos em poucas sessões ou em uma única consulta, contando depois com a ajuda da família para que o trabalho terapêutico prossiga e tenha um bom desfecho.

A concepção de trauma em Winnicott – assim como também vimos em Ferenczi – permite ampliar as fronteiras da psicanálise, o território do analisável e a compreensão do desenvolvimento do psiquismo humano, contemplando não só o papel fundamental do conflito, da triangulação, do complexo de Édipo e do recalcado, mas também – fundamentalmente quando se trata de pacientes graves – os problemas apresentados no início da vida: a falta de dependência originária, de *holding*, de possibilidades de integração do *self* e de criação de um espaço de ilusão e de brincar que permita assentar as bases do processo de amadurecimento e simbolização.

A ênfase no trauma, em Winnicott, não aponta para o âmbito dos desejos insatisfeitos[21], mas, sim, para o âmbito das

---

[21] E isso, diz Green, "porque a realização alucinatória do desejo não foi seguida de experiências de satisfação suficientemente boas para constituírem o fundamento de toda elaboração ulterior".

necessidades[22] primárias e essenciais não satisfeitas (em especial as afetivas), não aponta para o âmbito do recalcado e do representado, mas para o âmbito do que foi impossível ou difícil de representar e simbolizar, e para o âmbito da fragilidade de um *self* que não conseguiu se organizar e progredir a partir do processo necessário, mas nem sempre presente, da *identificação materna primária*[23].

Essa concepção de trauma orienta a atenção para a diferença possível entre uma clínica que pode ser pensada como "clínica do recalque" e uma "clínica da dissociação"[24], em que o central seriam as falhas e distorções no processo de desenvolvimento precoce e o *déficit*, ou seja, não o acontecido, mas o que *não* aconteceu.

---

[22] Para uma distinção mais depurada entre necessidade e desejo e necessidade e instinto, remeto o leitor ao artigo "A exploração das dificuldades", de Janete Frochtengarten (1996).

[23] Esta expressão "identificação materna primária" remete a um momento inicial do desenvolvimento de extrema importância "para o início de todas as experiências subsequentes de identificação". Por ela define-se um estado de dependência infantil, aquele momento em que "duas pessoas separadas podem *sentir-se* em união [...] o bebê e o objeto são um só"(1966 [1994]; p. 140) e para a criança o seio é o *self* e o *self* é o seio (1966; [1994]; p. 140-1).

[24] Esta expressão, tão cheia de possibilidades para pensar o destino do trauma, foi introduzida por Decio Gurfinkel e desenvolvida em dois de seus textos: "O carretel e o cordão" (1996; p. 56-68) e "A clínica da dissociação" (2000; p. 153-175).

Masud Khan

Masud Khan desenvolve um trabalho fecundo em relação à clínica em que o trauma se destaca como um dos conceitos centrais. Segundo Green (em Khan; 1984), a particularidade do pensamento de Khan e seu estilo de intervenção encontram sua razão de ser na leitura de autores ingleses, mas também franceses, como Foucault e Lacan por exemplo, e no uso da dramatização, da intolerância (despertada em relação às pulsões agressivas do paciente), e no uso aguçado da contratransferência.

Em linhagem direta com o pensamento winnicottiano, ora em continuidade, ora em parceria com Winnicott, de quem diz-se "sentir herdeiro", o trauma se desloca da esfera da sexualidade para a do *ego*, do campo da realização de desejos para o das necessidades e, como também diz Green, "perde sua dimensão dramática e puntiforme para inserir-se num tecido de microtraumatismos cujas sequelas se parecem menos com a cicatriz de um ferimento que com um processo de esclerose que estrangula o desenvolvimento do *ego*" (Khan, 1984; p. 7).

Em "Além do princípio do prazer" (Freud, 1920), Masud Khan encontra e realça a ideia do trauma produzido pela inundação incontrolável de estímulos provenientes do mundo externo. Nesse texto, como vimos, Freud fala da importância da formação em todo ser vivo de uma "*crosta*", de uma barreira, de um *escudo protetor*, capaz de salvar o organismo dos estímulos que invadem e pretendem ingressar do exterior para o interior do organismo. O conceito de trauma está relacionado aqui, em Freud – e estará também em Khan –, com o atravessamento dessa barreira de proteção por uma quantidade transbordante de estímulos, ante os quais os esforços defensivos – em direção ao controle e ligação dessas quantidades – fracassam. Masud Khan situa nesse contexto o conceito de trauma. Neste sentido, o trauma se constitui em relação *à falha do outro e, especialmente, em relação à falha da mãe na sua função de escudo protetor*, "indispensável ao *self*, para que o sujeito possa tornar-se ele mesmo".

A falha no desempenho do papel de *escudo protetor* e a concepção do *trauma cumulativo* – que descarta como responsável um único acontecimento traumático – serão os elementos centrais da combinatória que particulariza a compreensão de Khan sobre o trauma. "O *trauma cumulativo*", dirá ele, "*resulta das fendas observadas no papel da mãe como escudo protetor* durante todo o curso do desenvolvimento da criança, desde a infância até a adolescência, isto é, em todas as áreas da experiência em que a criança *precisa* da mãe como *ego* auxiliar para sustentar suas funções do *ego*, ainda imaturas e instáveis [...] o trauma cumulativo acrescentará, procede portanto, das tensões que uma criança experimenta no contexto da sua dependência de *ego* com relação à mãe como seu escudo protetor e *ego* auxiliar" (1984; p. 62, grifo meu).

No início da vida, o bebê necessita e *usa* a mãe como escudo protetor para que esta regule e dose o que de outra forma seria uma avalanche incontrolável de estímulos internos e externos. Os fracassos previsíveis e eventuais deste papel da mãe podem ser superados e servir também de estímulos para a organização e o desenvolvimento do psiquismo infantil. Mas quando estas falhas são frequentes e intensas, submetendo o bebê a tensões e invasões recorrentes, fixa-se o "núcleo da reação patógena" e perde-se a esperança de uma personalidade integrada e estável, capaz de confiar e sentir conforto (1984; p. 79).

O trauma cumulativo, gestado no convívio com uma mãe intrusiva, pouco acolhedora, que falha em ajudar a conter os excessos das pulsões, produz "fendas repetidas...[que] se *acumulam* de forma *silenciosa e invisível*" (1984; p. 63, grifo meu) sem mostrar a expressividade de certos acontecimentos traumáticos que permitem uma apreensão clínica mais clara e imediata. A expressão dos estragos provocados pela omissão da mãe neste papel fundamental, seja por intromissão, simbioses, rejeição ou falta de *holding*, poderão provocar profundas *clivagens* como principal defesa e um "prematuro e seletivo desenvolvimento do *ego*"; um "desequilíbrio na integração dos impulsos agressivos"; uma "independência precipitada"; um adiamento da "desilusão" (que permite a separação maturativa da mãe) e do "luto"; uma "catexização precoce da realidade externa e interna"; a "impossibilidade da função sintética"; problemas nas "vicissitudes de desenvolvimento do *ego* corporal da criança e do bebê", aspectos que podem impedir a diferenciação *ego-id*, a integração de um sentido de *self* e a organização do *ego* corporal (1984; p. 70).

Em contrapartida e seguindo Winnicott, a realização do papel materno como *escudo protetor* (da mãe que empresta as funções do *ego* e suas possibilidades libidinais e agressivas) permite o amadurecimento tanto das funções autônomas do *ego* quanto dos processos pulsionais; impede a conscientização precoce da dependência materna (dependência necessária nos primórdios da constituição *egoica*); permite a projeção sobre ela dos estímulos internos desagradáveis (de forma que possa combatê-los e manter, desse modo, na criança, a *ilusão da onipotência* e de conforto); favorece a integração do psiquismo (a discriminação entre o *id* e o *ego*, entre a realidade interna e externa) promovendo assim a passagem da dependência primária para a dependência relativa.

Se o processo do trauma cumulativo sobrevém, o resultado é o "falso *self*": um *self* que, atravessado pelas clivagens e dissociações, produz distorções na integração e na autonomia do *ego*[25], e um sentido de irrealidade do *self*. O "falso *self*", diz Khan, produz um deslocamento do *self* para o objeto, mediante

---

[25] Winnicott faz questão de diferenciar as palavras "*self*" e "*ego*", assinalando que foi Jung que contribuiu para tal discriminação. O termo *ego* tem sua própria evolução no texto freudiano e vai adquirindo uma posição de relevo a partir da segunda tópica e mais especialmente na década de 1930. A ideia inicial de um *ego*, que é parte do *id*, vai cedendo lugar a um *ego* que existe desde os começos e que se consolida paulatinamente por meio do *ego* da mãe. Embora o termo *self* não tenha uma definição precisa, seu sentido (como vimos em Winnicott) se vincula com "a constituição de uma unidade" com a busca de "sentir-se real" com "as forças básicas do viver individual". "Para mim – diz Winnicott – o *self* que não é o *ego*, é a pessoa que é eu, que é apenas eu, que possui uma totalidade baseada no funcionamento do processo de maturação. Ao mesmo tempo o *self* tem partes e, na realidade, é constituído dessas partes. Elas se aglutinam [...] ajudado como deve ser (maximamente no começo) pelo meio ambiente humano [...]. O *self* se descobre naturalmente localizado no corpo [...] se reconhece essencialmente nos olhos e na expressão facial da mãe e no espelho que pode vir a representar o rosto da mãe...". O importante é que seja possível a passagem "da dependência e da imaturidade

o qual a catexia de valor afetivo do objeto é aumentada por ser a chave para realcançar o perdido estado do *self*.

A importância do conceito de *trauma cumulativo*, diz Khan, está em permitir "ajudarmos a identificar com maior precisão que tipo de distorção do *ego* e distúrbio do desenvolvimento psicossexual e que tipo de falha de recursos ambientais podem estar inter-relacionados, no tocante às necessidades anaclíticas do bebê e da criança" (1984; p. 63). O olhar a partir da perspectiva do trauma orienta a atenção para avaliar os pontos essenciais de tensão na relação mãe-filho e oferece, partindo desse relacionamento, uma hipótese complementar ao conceito de pontos de fixação no desenvolvimento da libido (*Ibid.*, p. 72).

É importante, diz Khan, não transformar a identificação das responsabilidades em uma atitude culpabilizadora, já que, embora a ausência de uma relação empática e protetora da mãe tenha um papel absolutamente relevante como condição traumática, também estão em jogo outros fatores como: o papel do ambiente, a sensibilidade do próprio bebê, suas exigências, etc.

Como trabalhar em análise as distorções do *ego* e do *self* provocadas pelo trauma cumulativo? Como abordar essas

---

para a independência e a capacidade de identificar-se com objetos amorosos maduros, sem perda da identidade individual (Winnicott, 1970 [1994, p. 210]).

Os termos "*self* falso e *self* verdadeiro" são termos utilizados para descrever diferentes organizações defensivas no movimento de adaptação e proteção em relação ao meio ambiente. Quando o verdadeiro *self* fica aprisionado e não é possível viver a espontaneidade do impulso real, a vida é vivida pelo falso *self*, dominado pelo senso de irrealidade. (1950 [1994]; p. 36).

problemáticas (diferentes dos quadros neuróticos), para que a intervenção não se transforme em "monótona, banal e improdutiva"?

O *setting*, a relação do paciente com ele e a relação transferencial, dirá Masud Khan, são os instrumentos mais seguros para *reconstruir* a natureza e a função do trauma cumulativo provenientes, como vimos, das tensões e invasões padecidas no psicossoma da criança. A natureza do trauma e as distorções do *ego* serão reconhecidas pelo uso que o paciente faz do *setting*, do processo de regressão às relações primárias de dependência, das atuações e da exploração minuciosa pelo terapeuta da sua contratransferência. Esses aspectos serão trabalhados por meio da reconstrução: da história dos mecanismos de defesa (especialmente da negação, incorporação, clivagem e rejeição, mecanismos todos ativados para negar o caráter traumático do ambiente primitivo) das primeiras fases de integração e modificação do *ego*; do crescimento psicossexual; do estabelecimento das instâncias psíquicas: *id, ego, superego*; do conjunto das introjeções e identificações; e das dissociações psíquicas precoces ocorridas entre um verdadeiro e falso *self*.

A tarefa do analista não é dedicar-se à reparação. "Não é ser a mãe ou transformar-se na mãe. Não podemos ainda que tentássemos... O que realmente suprimos são algumas das funções da mãe como escudo protetor e *ego* auxiliar. Não se trata de um jogo de palavras na área da semântica. Existe uma diferença técnica qualitativa entre a atitude de clínicos que têm a capacidade de fingir que estão sendo o objeto primário e original (a mãe) e os que avaliam a necessidade do paciente em termos do processo de *ego* envolvido, e suprem as funções da mãe como escudo protetor, cuja falta, na equação genética original, levou à distorção do *ego*" (1984; p. 87). É imprescindível também estabelecer uma *distância psíquica* apropriada para assegurar tanto a implicação e o compromisso como a percepção, a reconstrução e a construção do "passado esquecido".

Trata-se de descongelar a situação de fracasso, de promover a comunicação entre as partes cindidas pela clivagem, ou de *self* conflitantes, recuperando o sentido do *self*, o reconhecimento e a aceitação do *self* verdadeiro, a autonomia do *ego* e a possibilidade de sentir como próprias as necessidades e os desejos. Como encontrar-se a si mesmo? pergunta Khan. Impossível encontrar-se sem o outro, responde. Por isso, a posição que o analista assume, partilhando e vivendo a mutualidade, é de crucial importância.

Se a situação psicanalítica clássica – que comporta como paciente o "neurótico clássico" –, baseia-se no modelo do sonho (com formações de compromisso, condensações, deslocamentos, conteúdos manifestos e latentes, e a busca da realização do desejo), resta pensar qual é o modelo em jogo quando se trata das impossibilidades ou insatisfações das necessidades primitivas, da não constituição de um *self*, ao menos relativamente coeso. Cabe aqui, então, a pergunta que Green (1990) formula quando indaga sobre o *setting* como "aplicação do modelo do sonho" ou "metáfora dos cuidados maternos".

Jean Laplanche

O ponto de partida da teoria do trauma em Laplanche são as elaborações de Freud sobre o trauma e a sedução e os trabalhos de Ferenczi a partir de 1928. Em uma lógica que avança da *"sedução restrita"* à *"sedução generalizada"*, Laplanche vai assinalando pontos sólidos e frágeis na "teoria da sedução" em Freud e ampliando e compondo uma nova compreensão sobre o trauma, a qual, longe de ficar "restrita" ao campo do abuso, do patológico, da desorganização, passa a ter também um valor vital e estruturante na constituição psíquica do sujeito.

Retomando o *trauma da sedução* (trauma, como vimos, presente nos primeiros escritos de Freud), Laplanche define a *sedução restrita* e a *sedução generalizada*.

A *sedução restrita* – ou, como também Laplanche (1992a) chama, *sedução infantil* – que coincide com a concepção presente em Freud antes de 1897, define-se a partir de sucessos fatuais, cenas reais ocorridas na infância carregadas com a "paixão" intrusiva e violenta do adulto sobre uma criança passiva, imatura e indefesa, muitas vezes dependente desse adulto. Cenas traumáticas, que despertam um *plus* de excitação incontornável e que poderão ou não ser revivenciadas ou rememoradas na análise. A "sedução restrita" desenvolve-se para Laplanche em três registros complementares: *temporal, tópico* e *tradutivo*. No primeiro, concebe-se o trauma em dois tempos: um primeiro tempo que dá sustento ao segundo, que, por sua vez, ressignifica o primeiro. Um primeiro tempo que reafirma a importância do primário, do originário e do apoio (presente também na teoria para explicar o recalque, o narcisismo, as fantasias, a angústia, as identificações, o masoquismo), um primário (para Freud, muitas vezes mítico), em que o secundário se apoia. O *a priori* e o *a posteriori* da teoria sinalizam que nada se constitui ou inscreve se não está em relação com um acontecimento anterior, que permita e defina o *a posteriori*, separados ambos pelo tempo, pelo qual as respostas dadas no segundo momento (em presença de um psiquismo mais desenvolvido) serão diferentes às dadas no primeiro. O primeiro tempo, ou a sua lembrança, não é em si mesmo traumático, a lembrança "só se torna traumática pela sua revivescência, por ocasião de uma segunda cena que entra em ressonância associativa com a primeira. Mas, graças às novas possibilidades de reação do sujeito, *é a própria lembrança e não a nova cena* que vai funcionar como fonte de energia traumatizante, como fonte autotraumatizante" (grifo meu).

Qual a fonte da primeira cena e em que medida ela se localiza nos limites da existência singular humana ou nas origens da própria humanidade? Laplanche lembra Jung, para quem o *a posteriori* seria redutível a uma retroatividade pela qual "a cena mais antiga não passa de imaginário, reconstruído posteriormente". Seria essa, quem sabe, uma intuição similar que levou Freud, do muitas vezes infrutuoso encontro com a cena real, ao resgate de uma outra cena, que, sem estar na história do sujeito, poderia ao menos se situar na história da espécie? Na filogênese e nas fantasias originárias, a contragosto de

Laplanche, Freud parece encontrar também um fundamento primeiro para o *a posteriori* traumático de certas cenas.

A teoria em dois tempos, dirá Laplanche, mostra que todo trauma só tem uma ação patógena porque se torna *autotraumática* (1992a; p. 120). O autotraumatismo sucede porque o acontecimento, que poderia ter sido liquidado ou elaborado, toma o caminho do recalque.

A participação do recalque aproxima-nos do registro *tópico*. No primeiro tempo, dirá Laplanche, só é possível bloquear ou enquistar a lembrança. O *ego* ainda não consegue organizar as defesas para poder enfrentar o evento que se torna, por esse motivo, traumatógeno. Será só no segundo tempo do trauma que o sujeito pode compreender o que acontece e implementar o recalque. O ponto de vista tópico é indispensável para compreender o destino do acontecimento pela intervenção do recalque, assim como o recalcamento é indispensável para compreender a tópica e os níveis dentro do próprio inconsciente, marcados pelas diferenças entre o recalcamento originário e o secundário.

O registro *tradutivo*, no qual a teoria da sedução também se desenvolve, coloca em jogo a possibilidade ou não de processar o acontecimento pela sucessão de inscrições, reinscrições e traduções. No entanto, penso que, embora o recalcamento possa ser visto como "uma falha parcial de tradução", ele também é uma forma exitosa que permite a entrada e a integração das representações do acontecimento no aparelho psíquico, contrapondo-se, em parte, ao impacto do trauma.

A "sedução restrita", observa Laplanche, é portadora tanto de uma grande força quanto de pontos frágeis. A fortaleza está na sua capacidade explicativa, na possibilidade de oferecer uma teoria estreitamente vinculada com a experiência e em colocar em jogo os três fatores de racionalidade analítica: a *temporalidade*, a *localização tópica* e os *laços tradutivos* entre as cenas. A fragilidade radica em deixar intacta a crença de que o trauma se produz pela responsabilidade única de uma cena real que deve ser encontrada, por um acontecimento fatual a quem cabe todo o sentido do trauma e por conduzir a uma tarefa infinita, desviante (em relação à concepção da realidade psíquica e dos inúmeros traumas) e decepcionante (pela dificuldade de encontrar as múltiplas cenas).

No caminho que anunciei, da "sedução restrita" à "sedução generalizada", Laplanche desloca a atenção do papel atribuído ao pai sedutor perverso da histérica para a "mãe pré-edipiana" sedutora do bebê por meio dos primeiros cuidados maternos. Embora para Laplanche esta sedução também esteja presente em Freud (seja no trabalho sobre "Leonardo da Vinci", quando fala que "a mãe intervém junto a seu filho com todos os seus desejos recalcados", ou nas "Novas lições introdutórias à psicanálise" quando nos diz "que é efetivamente a mãe que, no desempenho dos cuidados corporais de suas filhas, estimula e talvez desperta pela primeira vez sensações prazerosas nos genitais", ou no "Esboço da psicanálise", quando fala da mãe como primeiro objeto sexual e da sedução materna como da sedução da qual nenhum ser humano escapa), acredita que ele não chega a dar-lhe a ênfase que merece no corpo da teoria: "Freud peca por omissão na valoração desse segundo nível da sedução (referindo-se aqui a esta *sedução precoce*, a sedução dos cuidados maternos). Deixa de analisar o que constitui essa universalidade e essa inelutabilidade que a caracteriza como um dado humano fundamental. Deixa de estender a sedução precoce à sexualidade em geral, limitando sua ação ao despertar de sensações 'no órgão genital', sem observar que esse despertar existe também ao nível do conjunto da erogeneidade do corpo, em particular na erogeneidade oral e anal. Deixa de colocar em jogo o inconsciente da mãe, o que, aliás, só faz no conjunto da sua obra, em raríssimos pontos" (1992a; p. 129). Nesse parágrafo não só ficam claras algumas das divergências de Laplanche com Freud, mas também a importância que Laplanche atribui a essa sedução precoce, a qual situa na origem e no cerne de toda sexualidade.

A "teoria da sedução generalizada" supera a restrição ao patológico, ao individual, e tenta também superar o "biologismo da pulsão e uma antropofilogênese das fantasias", aspectos esses essenciais no pensamento de Freud. No entanto, a sedução infantil e/ou precoce não compõem por si só a "sedução generalizada". "Uma *teoria da sedução generalizada*", diz Laplanche, "só pode se desenvolver se estabelecermos com precisão a efetividade do que denominaremos, dessa vez, sedução originária" (1992a; p. 129). Vejamos, então, o que entende Laplanche por *sedução originária*. Como ponto de partida, a *sedução originária* não remete a uma origem, no sentido do que acontece primeiro, mas, sim, no sentido de dar sustentação. Ela é suporte das outras seduções: "Não abole a importância dos outros dois níveis, antes dá-lhes seu fundamento" (*Ibid.*, p. 130).

A sedução generalizada indaga sobre quem é o seduzido e quem é o sedutor, quem é o ativo e quem é o passivo[26] na relação, pelo universal do gênero humano: a assimetria irremediável entre a criança e o adulto[27]. A sedução originária opera impondo à criança o deciframento, o desvendamento do "enigma da esfinge" (decifra-me ou te devoro). Quem é o adulto? Como ingressar no seu mundo? "Esse é o problema do acesso do recém-nascido ao mundo adulto... este mundo adulto não é um mundo objetivo que a criança teria de descobrir e aprender, como aprende a andar ou a manipular as coisas. Caracteriza-se por mensagens no sentido mais amplo do termo (linguísticas ou simplesmente linguageiras: pré ou paralinguísticas) que interrogam à criança antes que ela as compreenda e às quais deve dar sentido e resposta, o que é uma só e a mesma coisa" (*Ibid.*, p. 133). Como pode a criança entrar no universo já estabelecido, com linguagens, com códigos que antecedem à sua existência? A *sedução originária* localiza-se na confluência entre o mundo existente e o mundo ignorado, entre inconscientes constituídos e inconscientes

---

[26] A passividade à qual Laplanche se refere não é aqui a passividade no fazer, na ação, mas a passividade que vive a criança, pela "inadequação fundamental da sua compreensão à mensagem proposta".

[27] Este é um ponto essencial de contato entre Laplanche e Ferenczi. Para ambos, esta simetria radical entre o adulto e a criança é essencial para a concepção do trauma.

não dados, entre o poder de atração que o mundo exerce para ser compreendido e a necessidade de que seja interpretado. "Qualificamos de *sedução originária*", diz Laplanche, "esta situação fundamental em que o adulto propõe à criança significantes verbais, inclusive comportamentais, impregnados de significações sexuais inconscientes" (*Ibid.*, p. 134). O caráter traumático dessa sedução está no caráter inconsciente e ignorado que essas mensagens têm para o próprio adulto. Esses significantes desconhecidos e inconscientes operam, da forma como Laplanche os define, como *significantes enigmáticos*. As próprias "cenas originárias" de Freud, seja a cena primária, que fala sobre a origem do indivíduo, ou a cena de sedução, que fala sobre a origem da sexualidade, ou a de castração, que fala sobre a origem da diferença dos sexos, operam como significantes enigmáticos, como seduções originárias que despertam uma excitação sexual impossível de ser dominada pela compreensão e pelo recalcamento. Portanto, isso que veiculado pelo adulto permanece obscuro para o próprio sujeito, e não pode ser compreendido e processado pelo infante, constitui-se em uma premissa da atividade teorizante da criança, mas também em fonte da sedução originária, do enigma e do trauma.

As *mensagens enigmáticas*, veiculadas pelo adulto sob a forma da *implantação*, chamam a um trabalho de tradução, simbolização e deciframento. Parte desses conteúdos é processado, e os *restos não traduzidos destes significantes*, que à revelia dos processos de transposição de energia e de distribuição de sentidos permanecem irredutíveis, inconscientes, pulsantes e traumáticos, Laplanche os define como *objeto-fonte*.

Quando no lugar da *implantação* (processo comum, normal e neurótico que permite à criança processar os significantes enigmáticos em uma dupla vertente tradutiva e recalcante) se institui a *intromissão*, que, como diz Laplanche (1992 b; p. 358), é uma forma de implantação que coloca obstáculos ao trabalho tradutivo, que produz um curto-circuito no incipiente psiquismo e coloca no seu interior um elemento estrangeiro e rebelde a qualquer metábola, produz-se o trauma. Não um trauma produtivo e estruturante, mas desorganizador, cujos restos não são assimiláveis sob a forma de *objetos-fontes* que sonham, desejam e buscam sentidos, mas sob a forma de *enclaves*, constituídos por restos intraduzíveis, paradoxais e excessivos que submetem o sujeito a uma autotraumatização contínua.

A intromissão e a sedução nas suas várias hierarquias, introdutoras dos significantes enigmáticos, dos objetos-fontes e do recalcamento em seus dois tempos (originário e secundário, antes e depois da constituição do *ego*), mas também dos enclaves, oferecem valiosas hipóteses sobre o trauma e sobre como repensar a tópica freudiana não só a partir dos movimentos pulsionais instigados pela experiência de satisfação, mas também pelas mensagens enigmáticas.

O *enigma* situa-se, assim, no centro da teoria da sedução generalizada, no centro da teoria das pulsões, da tópica psíquica e *no centro da teoria do trauma*.

Laplanche amplia o conceito de sedução e com ele o campo de trabalho do analista. Não se trata somente da busca de lembranças, mas de reconstrução ou construção dos enigmas. O poder traumatogênico está situado fora da cena originária e de qualquer outra cena, ele se localiza nas "mensagens por si mesmo ignoradas": o significante enigmático.

A linha divisória não está colocada entre fantasia e realidade, entre realidade fatual e realidade psíquica, mas entre uma sedução originária efetiva e fundamental para a instalação da tópica psíquica e uma sedução intraduzível, desorganizadora e traumatogênica. A teoria da sedução generalizada não só quebra a dicotomia fantasia-realidade, mas também e sobretudo conjuga as diferentes expressões do trauma hipotetizando sobre suas repercussões no psiquismo humano.

4.

Discussão clínica

Como vimos, a abrangência do conceito de trauma remete a uma multiplicidade de acontecimentos trágicos[1] como um acidente, uma morte, ou um estupro, e a outros menos visíveis, mas igualmente trágicos, como os sucessivos traumas acumulados na história de um sujeito, entre os quais a constante são as dissociações no eu e a impossibilidade de representar o evento.

Duas situações serão apresentadas: uma primeira, por meio de um filme, em que a realidade atroz e humilhante do estupro, seguido do desmentido paterno, instala um quadro traumático; e uma segunda, na qual a dificuldade de "tornar-se ele mesmo" pode ser entendida como efeito de uma história de traumas.

I. Filme: A filha do general Direção: Simon West

Embora o que pretendo analisar seja só um recorte, o filme mostra mais do que um episódio traumático. Apresenta, em

---

[1] Radmila Zygouris (1995) faz uma distinção entre aqueles acontecimentos dolorosos da vida cotidiana que se incluem na dimensão do *drama*, dos quais nenhum ser humano escapa, e os acontecimentos traumáticos que dizem respeito à dimensão da *tragédia* que, longe "das banais infelicidades da vida", como o assassinato, ou o incesto, "destituem um sujeito de um lugar que lhe caberia de direito".

essência, processos de subjetivação contemporâneos, muitas vezes em si mesmos traumatizantes.

Os narcisistas, seduzidos pelo ideal de onipotência, submetem-se a ser peça de engrenagens que, em troca da proteção e do poder, exigem (sem nenhum consentimento à singularidade e ao desejo) o acatamento, "o espírito de corpo" (sem corpo e espírito), a insensatez e a irresponsabilidade. O resultado é a pobreza do Narciso que, dominado pela determinação alheia, se priva da sua autonomia, dos seus posicionamentos e, o que é pior, das lealdades mínimas.

Primeira cena:

> A uma semana da aposentadoria (e com grandes pretensões futuras de participar ativamente na política), o general Joe Campbell pronuncia seu discurso de despedida ante a ovação e admiração dos presentes. Entre eles está sua filha, Elizabeth, de uns 26 anos, capitã do exército e encarregada do setor de "Relações psicológicas".
>
> Dois ou três dias depois da cerimônia, encontram "a filha do general" morta, aparentemente violentada, torturada, assassinada, nua, com a calcinha no pescoço e amarrada a estacas no piso.
>
> O general convoca dois agentes para que investiguem.
>
> Estrangulamento? Estupro?... "Mas a calcinha não foi rasgada nem há sinais de esperma... nem de que ela tivesse querido defender-se...

Os investigadores chegam à residência onde a vítima morava sozinha. Sua mãe tinha morrido quando ela era pequena. Tudo se encontra em perfeita ordem, os armários e as roupas enfileiradas nas estantes em organização precisa.

Por trás de uma falsa parede, descobrem a porta de um quarto, onde os investigadores, surpresos, deparam-se com vários implementos destinados a práticas sadomasoquistas. Em um vídeo, no mesmo quarto, assistem às imagens de uma das fitas encontradas, na qual aparecem cenas de sadomasoquismo: Elizabeth no papel sádico, rindo e fumando, enquanto "torturava" um sujeito encapuçado, acorrentado, com expressão de sofrimento.

"Parece que o jeito como vivia condiz com sua morte", diz Brenner, o investigador.

Pretende levar as fitas ao laboratório, mas são surpreendidos e as fitas são roubadas.

Começando a levantar informações, os investigadores se inteiram de que Elizabeth era a melhor da classe até começar a decair no segundo ano de faculdade. Mal acabou o curso.

"Pegou o diploma, porém nunca mais foi a mesma...", fala Moore, que se apresenta como seu mentor.

— O que aconteceu no segundo ano de faculdade: drogas, estupro?

"Pior", diz o mentor...

— Mas o que é pior do que um estupro?...

Ela queria acertar contas com seu pai, diz um soldado. Quando ela estava viva, o general não podia atingi-la sem passar vergonha. Ele não podia mexer com nenhum de nós porque ela abriria o bico sobre tudo, tudo. Imagine como seria, a filha do general trepando com todos os militares.

— Todos os militares?

— Sim, todos, ao menos a maioria... ela tinha a maior lista de militares imagináveis do alto escalão, passando pelos imediatos do general e outros como eu. Elizabeth disse-me uma vez que conduzia um experimento em armamento psicológico e que o inimigo era o pai.

Os investigadores vão à academia militar de West Point em busca do coronel que tinha sido psiquiatra de Elizabeth Campbell, quando, com 20 anos e cursando o final do segundo ano, o procurara por causa de uma depressão profunda...

O psiquiatra comenta: "Eu tentei, mas não tive êxito; não pude fazer com que confiasse em mim... Lizi agitava o lugar, uma das melhores mulheres, linda, ganhava da maioria dos homens nos treinos... um dia depois de um exercício noturno, Lizi se viu rodeada por uma dúzia de homens camuflados..., quase a mataram de tanto estuprá-la. Foi estuprada a noite inteira, um de cada vez, tiraram sua roupa, abriram suas pernas, amarraram-na ao chão com estacas e fizeram a festa".

— Amarraram sua calcinha no pescoço?

— Sim, Lizi foi hospitalizada, tratada de doença venérea e por estar grávida. Quando a encontrei, ela já tinha se fechado. Nunca deixou que me aproximasse...

Brenner consegue o nome dos que fizeram parte do estupro.

Infere que a cena a que assistiram com Elizabeth morta seria a encenação do primeiro estupro, "uma tentativa para se liberar do passado", comentam. Uma pessoa próxima de Moore (o mentor é assassinado no meio da trama) acrescenta: "Ela o bolou e Moore não teve como dissuadi-la. Ajudou-a a encenar tudo. Ele a amarrou, escondeu as roupas, também teve de ligar para o general e reproduzir a fita.

— Ligar para o general?

(Brenner interpela o general sobre o acontecido com o estupro).

— Foi mantido confidencial pelo bem da academia e do exército. Foi melhor assim para Elizabeth.

— Você estava na Alemanha quando isso aconteceu?

— Na base de Berlim. Voltei assim que soube.

— E foi direto para o hospital?

— É claro.

— Nenhuma reunião antes? Estava no relatório psicológico dela, não foi assim, a reunião foi primeiro.

— É verdade, foi uma reunião rápida num hotel próximo a West Point com o general Sonnenberg. Quero justiça para minha filha, disse ele.

"Eu daria tudo para que isso nunca tivesse acontecido, diz o general Sonnenberg. Mas aconteceu. Estou tentando te explicar a realidade da situação; nunca saberemos quem foi, mas sabemos isto: uma academia mista é algo bom e necessário. Melhor um estupro não delatado, incomprovado, que mexer nas bases de West Point e de respeitáveis soldados que não estupraram ninguém nessa noite. Tudo o que você tem a fazer é convencer sua filha que ela, a academia, o exército e a necessidade de igualdade seriam melhor servidas se ela *esquecesse tudo*. Essa é a época em que vivemos, Joe".

— E ele tinha razão. Se o estupro se tornasse público, arruinaria a imagem da mulher no exército para sempre.

— Disse isso a Elizabeth?

— Não com estas palavras... (aparecem as imagens nas quais Campbell reproduz mentalmente o episódio: ele, diante da filha desfigurada pela violência e impossibilitada de emitir qualquer som). Ela não estava em condições para entender. Eu só tentei dizer que a amava. Que a amava muito. "Papai ama você, tem tanto orgulho de você. Agora descanse. Tente não pensar mais nisso. Não fale, só quero o melhor para você, confie em mim, como sempre. (Ela faz um gesto afirmativo com a cabeça e ele continua.) Nunca mais pense nisso. (O gesto dela muda, agora é de surpresa, desespero e dor.) Eu sei: foi um horror, algo horroroso, mas pensar nisso não ajuda em nada. Então feche os olhos, *nunca aconteceu*. (Cai do rosto dela uma lágrima.) *Nada disso nunca aconteceu...*". Fiz o que mandaram pensando protegê-la, fiz o que devia, o que achei melhor para todos os envolvidos. Não havia outra coisa a fazer, nunca os teríamos encontrado mesmo!

— Aqui estão.

— O que é isso?

— O nome dos violadores que achamos facilmente, foi moleza Sr.... Falemos da ligação telefônica. Tenho razões para acreditar que Moore ligou para você às três da manhã na noite do assassinato. Acho que a encenação do estupro foi ideia de Elizabeth. O Sr. entrava para a política e ela não teria outra chance. Acho que fez Moore colocá-la na mesma posição de sete anos atrás. Dessa vez você não estava na Alemanha e, se não me engano, ela queria que você visse explicitamente aquilo que encobriu.

Ouvem a gravação: Pai, é a Elizabeth, preciso falar com você, urgente. Encontro-o às 6:30 em ponto. Tenho uma resposta a seu *ultimatum*.

— O que ela quis dizer com *ultimatum*?

— Dei duas opções a ela: demitir-se de seu posto ou concordar em fazer terapia. Se ela recusasse as duas, mandaria um auditor de guerra investigar sua má conduta e abrir processo de corte marcial. Sei que, para você, pode parecer cruel...

— Então, você dirigiu até o local...

O general reconstrói a cena. Diante dele Elizabeth fala:

— Eis a resposta a seu *ultimatum*. Vê o que fizeram comigo, está vendo? Não dê as costas, seu covarde, venha mais perto para ver melhor. Veja o que fizeram comigo.

— O que pretende conseguir com isso?

— Tem uma corda no meu pescoço. Me estrangule se quiser, ou encubra como já fez antes.

— Você perdeu de vez o juízo,

— *Aconteceu, aconteceu! Quero ouvir de sua boca que aconteceu.*

— Estou pouco me lixando pelo que aconteceu há sete anos. Aquilo que machuca me fortalece. Aquilo que não me destrói torna-me mais forte. Você não pode mais me magoar. Estamos quites.

— Por mim tudo bem, diz ela, você nunca me ajudou!!!... Papai, por favor não vá, volte por favor, papai...

Chega pouco depois Kent, um soldado que a cortejava, e ela pede que ele vá embora. "Vá embora, ele vai voltar, vai estragar tudo se ficar aqui... vá embora... não me toque, tire as mãos de mim, você me enoja, você é um canalha..." E ele a estrangula. Ela não podia gostar de ninguém (diz depois, quando confessa) encontrei-a lá na chuva à mostra...

No último diálogo com o general Campbell, Brenner fala: não foi Kent que a matou, ele apenas acabou com seu sofrimento. Você a matou sete anos atrás quando disse tudo aquilo naquele quarto de hospital, você a matou. Perguntei a Moore o que seria pior que o estupro. Agora eu sei: é a traição. Trocou a confiança dela pela sua carreira...Ficou quieto e ganhou mais uma estrela... colocarei no meu relatório que foi até lá para encontrá-la e a abandonou para morrer... Vou mandá-lo para a corte marcial, general. O artigo 32 diz que conspiração é pecado, é crime.

O general Campbell foi condenado em corte marcial por encobrir o estupro de sua filha. Logo depois retirou-se da política.

A trama do filme não é ficção, poderia até sê-lo. Difícil saber quanto a vida tem de ficção e a ficção, de realidade. Mas este filme reimprime uma história verídica. Ou até muitas histórias verídicas, escritas com abusos, duplas mensagens, desmentidos, promotores de autoclivagens, negações e recusas.

Qual o trauma contado nesta história? O do estupro, que deixa a vítima imóvel, paralisada e sem defesa diante de uma experiência bruta, violenta, doída física e psiquicamente? Ou a quebra da relação de confiança com o pai, por haver sido objeto do abuso dele quando roubou sua verdade e ignorou sua vivência?

Em "Análise terminável e interminável" (1937), Freud retoma curiosamente a ideia do trauma quando fala que resultados mais favoráveis se conseguem quando o transtorno foi desencadeado por um trauma "... quando o *ego* do paciente não foi visivelmente alterado e a etiologia de seu transtorno é essencialmente traumática. Depois de tudo – acrescenta – a etiologia de qualquer transtorno neurótico é mista... Em geral, existe uma combinação de ambos fatores: o constitucional e o acidental. Quanto mais intenso for o fator constitucional, mais facilmente conduzirá o trauma a uma fixação e deixará para trás um transtorno do desenvolvimento; quanto mais intenso é o trauma, mais prejudiciais serão seus efeitos, mesmo que a situação pulsional seja normal. Não há dúvida de que uma etiologia traumática oferece um campo mais favorável para a psicanálise. Somente quando um caso é de origem predominantemente traumática poderá a psicanálise fazer o que é capaz de fazer de um modo superlativo; somente então, depois de haver reforçado o *ego* do paciente, conseguirá substituir por uma solução correta a inadequada decisão tomada na primeira época de sua vida" (1937; p. 3342).

A qual trauma Freud se refere? O trauma dos primeiros trabalhos, aquele do acontecimento externo visível produzido pelo predomínio da realidade factual, de um perigo externo que irrompe de maneira incontrolável no psiquismo do sujeito e que consegue se inscrever no inconsciente por meio de representações, como o estupro do filme, por exemplo? Ou o trauma formulado em 1920, o trauma da pulsão traumatizada, o trauma carente de representações e lembranças que, à margem do recalcamento, se defende pelas clivagens no *ego*; o trauma produto de vínculos e fantasias traumáticas, que se impõe com menos visibilidade, mas com consequências igualmente desmanteladoras, presente no filme no impacto que provoca a atitude paterna de abandono e desmentido? Ou a um trauma que inclui, em menor ou maior grau, ambos ingredientes?

Embora, como vimos, Freud defenda que em toda constituição neurótica estão presentes componentes traumáticos e constitucionais, não pode precisar a influência e a responsabilidade de cada um deles, ora porque sob um substrato pulsional comprometido qualquer trauma pode ser fixado, ora porque quando o trauma é intenso, mesmo com uma condição pulsional estável, pode produzir efeitos nefastos. Freud fala de neurose traumática, mas não deixa claro se também outras patologias sobrevêm por efeito do trauma, o que poderia ser pensado como *psicose traumática* ou *perversão traumática*. No filme, a protagonista não mostra um desenrolar neurótico. O sintoma sádico não é o retorno do recalcado, ou uma formação de compromisso, nem a expressão de um conflito nem uma satisfação deformada de desejos, mas uma compulsão repetitiva que encena incessantemente o acontecimento traumático.

Depois de violentada e estuprada, Elizabeth vive um *estado traumático*, que pode evoluir ou não, em função da sua história e da elaboração do acontecido, para a instalação de um *quadro traumático*. O estupro e a atitude do pai, desencadeadores do estado traumático, funcionarão como a *condição traumatizante* para reviver em um "segundo tempo" a *força traumatizante* das séries de traumas anteriores.

Se na situação do estupro, a excitação excessiva, a violência psíquica e física, a ameaça de vida e a impossibilidade de responder ao evento – seja pelo ataque ou pela fuga – dão lugar de início a um *estado traumático*, na relação com o pai, o trauma encontra as razões para perpetuar-se[2].

A memória do acontecimento (nem sempre faltante) não é o traumático, ele não é mais, como Ferenczi fala, do que a prova real do acontecido. O que resulta traumático é a experiência que põe em dúvida o sistema – até então confiável – de relações, representações e valores, que ataca o *self* e suas construções, pelo qual nem o si mesmo nem os

---

[2] Como já vimos, Ferenczi coloca no desmentido o caráter desestruturante do trauma. Sem ele, o trauma poderia ser, embora comocional, estruturante.

outros serão mais os mesmos[3]. Nem o pai será mais aquele que habitava no imaginário da filha, nem ela será mais a mesma. O pai que devia protegê-la a abandona, que devia confirmar suas percepções, as nega. A descrença, o desmentido[4], agride o processo de simbolização, coloca em dúvida o sentido de realidade, a sustentação do *ego*, a percepção e a organização psíquica. O trauma acontece quando não é permitido sentir e saber, quando se impõe outra percepção que tenta negar a existência da própria.

A nova realidade traumática passa, assim, a coexistir dissociadamente das antigas representações. O trauma cinde o psiquismo para evitar a dor e manter, mesmo que dissociadas, as forças incompatíveis. A cisão tenta, assim, conservar as duas realidades: por um lado, como neste caso, um pai protetor incondicional, depositário da confiança da filha, e por outro, o pai traumatizador, que não só não a protege, mas que a desmente, não a enxerga e a nega; e uma imagem de si mesma exitosa, corajosa, respeitada e aceita, com outra que, em oposição, o estupro devolve: desvalida, humilhada, envergonhada, desrespeitada em seu corpo e alma[5].

---

[3] Ferenczi fala do sentimento de estar seguro de si que precede ao trauma e da terrível decepção que o segue "... antes, tinha *excesso* de confiança em *si* e no *mundo circundante*; depois, muito pouco ou nenhuma. *Subestimou* a sua própria força e viveu na louca ilusão de que *tal* coisa não podia acontecer; não a mim".

[4] Coloquei a atitude do pai como desmentido porque, embora haja uma credibilidade da cena do estupro, está negada sua importância... "Feche os olhos, diz o pai, nunca aconteceu. Nada disso nunca aconteceu". Quando o adulto nega o acontecido, não só não permite sua inscrição, mas também impede viver o ódio e o desespero que ele gera.

[5] Mulheres estupradas que não conseguem denunciar o estupro porque são elas que se sentem envergonhadas, a vergonha de um corpo abusado.

O trauma, de uma ou outra forma, atenta sempre contra a integridade e a identidade de quem o sofre. A perda sofrida por conta do trauma, tão indecifrável e desconhecida como a que o sujeito melancólico sofre, é um dos elementos que aproxima a metapsicologia do trauma à da melancolia[6]. Em ambos – na melancolia e nos quadros traumáticos – estão presentes processos de identificação em bloco, estados anímicos dolorosos, a absolutização da perda (pouco ou nada resta), a impossibilidade da introjeção do evento[7], a diminuição da capacidade de amar, a clivagem do *ego* e a perda da sua integridade em favor da posse que dele faz o objeto ("a sombra do objeto que cai sobre o *ego*" (1915 [1917], p. 2095).

Embora possamos pensar que a identificação com o objeto perdido prevalente na melancolia não é exatamente igual à identificação que frequentemente aparece no traumatizado sob a forma de identificação com o agressor, em ambos (no sujeito melancólico e no traumatizado), a carga disponível para o investimento no objeto externo é redirecionada para o eu, que se modifica em função do objeto perdido (na melancolia) ou do agressor (no traumatizado)[8]. O apego do *ego* ao objeto

---

[6] Poderíamos dizer que diferentemente do luto (em que a perda é dramática, mas se sabe o que se perde e se chora), na melancolia, a perda é traumática: atenta contra o eu e divide o sujeito que pouco sabe sobre o perdido.

[7] Dentro de um contexto ferencziano, como vimos no capítulo 3, a introjeção é o mecanismo pelo qual se inclui no interior do *ego* uma parte do mundo exterior.

[8] Na melancolia, a fixação se dá com o objeto erótico; no trauma, com o objeto invasivo, mas ambos objetos têm em comum terem sido fonte de intensas excitações sem poder responder a elas, uma vez atravessada a barreira de proteção.

da identificação provoca uma perda no *ego*, por passar a ser este modificado e subjugado pela identificação.

O sujeito traumatizado é triplamente vítima: por não ter mais o objeto idealizado que perde, por ser objeto da agressão e por converter-se ele mesmo em agressor.

Como diz Pinheiro (1993), a identificação com o agressor evidencia a fragilidade narcísica do traumatizado ... pois é a couraça narcísica que se vê desmantelada com a identificação. No entanto, é possível pensar que a identificação, ao mesmo tempo em que provoca uma perda no eu, pode ser também uma tentativa de restituição de partes perdidas do eu, uma vez que a "identificação com o agressor" ocupa o lugar da não inscrição, da não-"introjeção", do não sentido.

Essa *identificação* fica visível no filme quando Elizabeth inverte sua posição de agredida passando a ocupar o papel de agressor. Indefesa, física e psiquicamente, internaliza a violência sofrida, se despossui de si mesma, de seus desejos e passa a se identificar, como estratégia de sobrevivência (tornando semelhantes as diferenças), com o traumatizador. Com essa identificação, quem sofre se assimila ao objeto externo que teme, introjeta a agressão produtora da ansiedade e do medo e tenta, assim, se libertar deles produzindo ansiedade e medo no outro. A identificação de Elizabeth com a violência dos agressores lhe permite sair, nem que seja por instantes, do lugar traumático e doloroso e, ao mesmo tempo, vingar-se de seu pai (deixando-o tão impotente e silencioso como ele a deixou anteriormente) e de todos os homens.

A cena do estupro é mais um emergente da situação de violação e violência que já existia antes do incidente entre o pai e a filha. Em uma cena do filme em que aparece na capa da revista *TIME* o general, caminhando com a filha pequena, assustada, pelas ruas de uma cidade antes bombardeada, como sinal de "clima pacífico", vemos que a estrutura de relação já está dada: uma relação em que a criança, em vez de ser protegida pelo *escudo protetor*, é usada como escudo para o benefício e proteção alheia. O rosto da criança dramatiza a violência ante um pai que se comunica e a usa de uma forma parcial (tal como os estupradores) com a parte que lhe serve. Esta violência apresenta algo de "sinistro". Sinistro porque tudo o que deveria ter ficado oculto e secreto se torna manifesto[9]; sinistro porque o aparentemente novo é também familiar e velho.

A reação ao trauma encontra também parentesco com a reação perversa: com a recusa e o reconhecimento. A clivagem no interior do *ego*, característica da condição perversa, é similar à operada contra a dor, a ansiedade e o perigo do trauma. Quando esta ameaça ataca e não é possível fazer-lhe frente com recursos simbólicos, seja porque inexistem, seja porque ante o impacto falham, as defesas que aparecem são mais drásticas[10].

---

[9] Essa acepção de "sinistro" (*Unheimlich*), citada por Freud no seu artigo de 1919 de mesmo nome, foi retirada por ele do dicionário Sanders. Ela diz textualmente: sinistro "seria tudo o que devia ter ficado oculto, secreto, mas que se manifestou".

[10] Levine (1999), autor que embora maneje conceitos psicanalíticos fica distante deles na compreensão e tratamento do trauma, fala da dissociação como uma resposta automática, implementada como estratégia de sobrevivência para insensibilizar a dor.

Como na perversão, o trauma não anula a percepção, mas esta não se inscreve simbolicamente. Cria-se, para compensar, uma realidade que substitui aquilo que falta, seja pelo fetiche, seja, como neste caso, pelas posições masoquista e sádica.

A percepção, como vimos, existe, mas quando é traumática não se transcreve. Ocorre de imediato uma "abolição simbólica". Algo similiar ao que Penot (1992) nos descreve diante da cena detonante da recusa: um terror inexprimível, algo da ordem do indizível, do inefável, do que conduz à rejeição da dimensão simbólica. Recusa-se assim, em todo trauma, a se admitir no plano simbólico o que mais tarde dará seus sinais no ato, no fetiche ou na construção delirante.

Podemos pensar que aqui também – na produção das posições masoquista e sádica – encontramos a marca da última percepção antes da evidência da falta. A posição sádica adotada por Elizabeth acusa o último que pôde ser visto (o sadismo) antes de seu próprio estado tornar-se invisível. "O último visto antes do invisível", antes de saber-se desamparada e frágil. O sadismo, sem pretensão metafórica, conjuga e condensa a falta e a não falta, a impotência e a potência. Assim como o fetiche concretiza uma falta, a do pênis, o sadismo também acusa uma falta, a do amparo, a da lei que não existe. Quando a lei não funciona, quando o organizador não rege, o sadismo toma para si a tarefa de executar o castigo que deveria ser aplicado por outra instância (neste caso, pelo pai ou o exército).

A inversão no contrário (de masoquismo em sadismo) e a clivagem intrapsíquica que aspiram proteger o *ego* das exigências pulsionais (como diz Anna Freud [1996], mais dos impulsos agressivos do que dos libidinais) oferecem uma saída tópica e econômica para o trauma. A clivagem origina duas correntes paralelas: uma que, como vimos, repudia a realidade e outra que a aceita. Uma que, como no filme, aplaude e admira o pai e se sente orgulhosa dele (como no discurso inicial de despedida) e outra que o chama de covarde e o rejeita.

O sadismo não parece fazer parte, neste caso, de uma estrutura individual perversa, mas de um sadismo promovido por uma estrutura social perversa em que a lei ignora, renega e nada regulamenta e sanciona. Haver sido colocada como objeto de gozo a impulsiona a reproduzir e a gozar com o outro na condição de objeto.

Podemos pensar que na cenificação traumática das situações sadomasoquistas, Elizabeth encena a violação e a tortura da qual foi objeto, mas também exercita um *modo de sobrevivência*, uma defesa, invertendo (como na repetição muitas vezes presente nas brincadeiras infantis) a posição passiva da cena original (torturada) para a posição ativa na cena reencenada[11] (torturadora).

A *fixação intensa* (pelo excesso de excitação, pela intrusão violenta) ao acontecimento traumático e o *fracasso do recalque* (do ódio, da violência, do sadismo)[12] poderiam explicar

---

[11] Não falo em cena representada, porque não a representa, mas a atua.

[12] O recalque opera para os impulsos libidinosos; as outras defesas, em especial para os impulsos sádicos (A. Freud, 1946).

a formação traumática e por quê a tendência sexual que se expressa é a sádica.

O problema econômico do trauma assimila-se ao problema econômico do masoquismo. O impacto do trauma submete o sujeito a um excesso de tensão incontrolável, intolerável e dolorosa, similar ao primeiro tempo masoquista. Em um segundo momento, e na tentativa de controlar o estímulo, sobrevêm, em maior ou menor medida, movimentos repetitivos, seja sob a forma de sadismo para dissipar a tensão masoquista ou sob a forma de compulsões e sonhos, para controlar e ligar o trauma. Mas quando essas tentativas falham e a dor persiste, o princípio do prazer, como diz Freud, se narcotiza, prevalecendo o desprazer, o princípio da dor e do gozo[13]. O *traumático* encontra, assim, seu ponto de convergência com o masoquismo *na posição passiva e na tensão dolorosa*. No entanto, a posição passiva e a dor não caracterizam por si sós (como poderiam caracterizar o traumatismo) a posição masoquista, é necessário acrescentar a esta última o prazer no sofrimento (derivado de um princípio fisiológico resultante da fixação da excitação sexual em consequência de estímulos intensos). Portanto, poderíamos concluir que a repetição do trauma no seu sentido literal (tal como aconteceu) ou invertido (mudando a posição que na situação traumática se encontrava) ou nos sonhos não parece

---

[13] Colette Soler (1986) e B. Conte (1998), na tentativa de discriminar o campo do prazer e do gozo, delineiam este último em oposição ao campo do prazer, à tentativa da diminuição das tensões. O gozo instala-se em um movimento que repete incessantemente as "excitações indomáveis".

corresponder a uma repetição masoquista no sentido da busca do prazer no sofrimento, mas, sim, enquanto conserva a posição *passiva e dolorosa*. Embora em "O problema econômico do masoquismo" (1924) Freud apela ao masoquismo para explicar, por meio de uma evidência econômica, o que poderia estar "além do princípio do prazer" (processos que não parecem impulsionados pela diminuição das tensões e do prazer, mas pela dor e o sofrimento), fala também de um masoquismo, o moral, que, embora cause desprazer, traz junto o prazer da punição, pelo qual o sentimento inconsciente de culpa[14] sossega.

O trauma remete ao psiquismo das origens, um psiquismo masoquista e dissociado, e ao princípio do *"desprazer-prazer"*. Um princípio que principia com a dor, a passividade e o desprazer e que, pelas pistas da experiência de satisfação e da presença do outro, se transformará dando início simultaneamente à ligação, ao recalque, ao princípio do prazer, enfim, ao aparelho psíquico. O primeiro tempo masoquista (passivo e doloroso), presente na origem de toda subjetividade, perdurará indefinidamente como marca a ser ativada quando uma vivência de radical desorganização a evoque. Enquanto podemos pensar que a experiência de satisfação está na base do princípio do prazer, o masoquismo originário, erógeno, está na base da persistência dos movimentos de passividade, compulsivos dolorosos.

---

[14] H. Bleichmar (1997) colocará também a serviço do prazer o masoquismo narcisista, pelo qual a privação, a dor, o estoicismo fazem parte da busca de uma identidade "excepcional" que gratifica, dependendo do valor que o sacrifício tenha na fantasia.

O trauma não se repete para causar sofrimento (embora se sofra repetindo) atraído pela excitação da dor, mas para ligar o estímulo e tentar um novo desenlace. Portanto, quando Elizabeth reproduz fielmente a cena traumática do estupro, podemos pensar que o fez para conseguir recuperar *seu* pai – e, por seu intermédio, a si mesma – quando este pudesse reconhecê-la no seu sofrimento, nas suas percepções e sentidos. "Aconteceu, aconteceu, quero ouvir da sua boca que aconteceu", diz para ele na última frase do último diálogo.

Na *necessidade de vingança* (fazer o outro sofrer o que ela sofreu), na *vontade de domínio* (ficando na posição de sádica, preserva-se de ficar colocada novamente na posição de quem sofre), na *identificação com o agressor* (com todos os estupradores, incluindo o pai, pelo seu abuso de decidir por ela em benefício próprio) e no possível *alívio temporário da descarga* de uma "energia intensa mobilizada para se defender contra uma experiência percebida como ameaçadora à vida" (Levine, 1999; p. 158), encontramos o substrato das cenas repetidas do trauma.

Se o pai tivesse podido adotar outra posição na cena reencenada, poderia ter quebrado o circuito repetitivo que mantinha Elizabeth fixada ao trauma, teria desmantelado a cena traumática e, mudando sua posição, teria permitido mudar a posição dela. Quando o pai não a acolhe nem a reafirma nas suas vivências, priva-a da possibilidade de elaborar, representar, fantasiar e recalcar, restando à pulsão o caminho da dor e o destino do gozo.

O traumático, localizado fora da ligação, e, portanto, do princípio do prazer, da representação, da fantasia, do recalque, entra no destino da compulsão repetitiva e do gozo e, em vez de reduzir as tensões, persiste indefinidamente no incessante circuito das altas excitações.

Qual é a qualidade representacional que o trauma alcança nesses episódios? Se considerarmos que o estupro foi capaz de desencadear um quadro traumático, podemos falar dele como isento de representações? Qual seria, nesse caso, a representação que falta?

A cena do evento não é sempre a cena faltante; às vezes, esta cena existe, mas a significação que esse evento teve e a relação dele com os outros elementos da história faltam.

Embora em 1920 Freud defina o trauma mais pela força e excesso energético do que pelas representações, não vai utilizar claramente, como Knobloch (1998) assinala, o atributo de irrepresentável para o trauma. Este conserva indefinidamente seu caráter traumático enquanto permanecer como impressão, ficando impedido o trabalho de análise até que as impressões deixadas pelo trauma se inscrevam.

Como vimos, Dayan chama a atenção para os caminhos pelos quais transita um determinado evento, como se o acontecimento traumático ficasse em um estágio anterior e diferente ao da significação e impedido, por sua vez, de ser modificado por esta: "O acontecimento é recebido num sistema que não é computável por seu teor de significações, mas, antes, pelos fluxos de excitação que podem ser postos em circulação" (Knobloch,

1998). O autor destaca aqui uma fase preambular receptiva, perceptiva de um acontecimento, cuja ligação simbólica pode ou não ser feita. O que impede ou limita a passagem da percepção para a representação e ativar defesas mais evoluídas? Podemos dizer que é o excesso, o *plus* de tensão e força das mensagens paradoxais e enigmáticas intraduzíveis pelo próprio sujeito para uma linguagem psíquica. O fracasso na tradução deixa o intraduzível como marca, como a expressão de tensões desorganizadoras e como adubo dos traumas posteriores. No lugar de representar, o trauma repete; e quando a impressão traumática não consegue se inscrever no sistema mnêmico tomando a forma de lembrança, permanece indefinidamente com seus excessos como marca.

Encontramos, assim, duas fontes para o trauma: o das impressões excessivas provocadas pelo "déficit", pelo susto, pela surpresa, pelo perigo e o medo, que afeta o sistema sensorial e ativa desmesuradamente sensações no corpo que, impedidas de ligação, não se processam psiquicamente[15]; e aquele trauma produzido pela incompatibilidade de representações dentro de uma mesma instância psíquica (em que a representação existe, mas se nega ou recusa) que origina um processo de clivagem,

---

[15] Nesta linha há alguns trabalhos mais recentes como o de Levine (1999) que desenvolve uma compreensão e uma clínica sobre o trauma, partindo da ideia de que o sintoma traumático (que é tanto fisiológico quanto psicológico) é sempre consequência do resíduo de energia congelado, de respostas fisiológicas incompletas. A experiência ameaçadora, traumática, mobiliza automaticamente uma enorme quantidade de energia que é freada no segundo momento, permanecendo no interior do corpo, gerando sintomas.

pelo qual as duas representações, mesmo que dissociadas, coexistem.

Na situação de total *desamparo*[16], *na excitação excessiva*[17], na *clivagem no interior do ego*[18] e na *inoperância da representação, da fantasia e do recalcamento* para ligar o estímulo, ativando-se *defesas mais primitivas*[19], podemos encontrar os ingredientes do trauma.

Nesse filme, confluem as várias concepções de traumas: a de Freud que, como vimos, atribui um significado especial ao impacto ocasionado por uma vivência que, atravessando a barreira de proteção, inunda de *fortes cargas* o psiquismo, fixando o acontecimento; o trauma que Ferenczi postula por conta do *desmentido* que faz vacilar o universo simbólico, o sentido de realidade, os afetos e as percepções; o trauma proveniente das *mensagens paradoxais e enigmáticas* que se "enclavam" no psiquismo em vez de serem processadas; e o trauma que Masud Khan coloca como efeito das *fendas no papel de escudo protetor da mãe* ou de quem desempenhe essa função materna.

---

[16] Que Elizabeth vive na cena do estupro, com a "traição" do pai e que possivelmente viveu anteriormente com o "abandono"– morte da mãe. Um desamparo que a deixa exposta, sozinha e indefesa. Um desamparo que a filha sente quando o pai não a vê, nem vê seu susto, nem seu sofrimento, nem sua angústia, ou pior, quando pode vê-lo, mas o nega, o invalida e desmente. Um desamparo potenciado justamente no momento em que o general está prestes a retirar-se do exército.

[17] Que impedida de representar se repete compulsivamente nas transas, nas sessões sádicas ou na reprodução da cena vivida.

[18] Pela qual vivem duas pessoas distintas: a profissional simpática, benévola e competente durante o dia, e uma "outra" durante a noite, que atua a cena do trauma.

[19] Como a clivagem, a volta contra si mesma, a inversão no contrário, a projeção.

Vemos também nesse filme como operam as defesas ante o trauma: a *clivagem*, a *inversão no contrário* e a *identificação com o agressor*.

O terrorífico estupro nunca poderia deixar de produzir um *estado traumático,* mas poderia evoluir em direção a um quadro patológico perdurando como trauma, ou em direção à elaboração do incidente, impedindo a instalação do trauma desestruturante.

II. Fragmento de sessão:

Chega pontualmente. Contente. Me dá dois beijos e se acomoda na poltrona tão por extenso quanto o assento o permite.

— Eu vi seu trabalho, diz sorrindo.

Neste fim de semana fui com um amigo a Sta. Catarina ao casamento de uns amigos dele. Este amigo é patrocinador de jogadores de futebol e conhece bastante gente naquela região. Saímos para jantar com um grupo de pessoas e me apresentou à namorada de um dos jogadores que ele patrocina que foi vendido já faz uns meses para uma equipe francesa e que hoje mora na França. Logo que sentamos ela começou a falar sobre seu relacionamento com o namorado. Contou que antes de começar o namoro esteve a ponto de se casar com outro. Diz que deixou tudo de lado para ficar com ele: o ex-namorado, o casamento, e que agora que podiam estar juntos ele estava longe. Se falam às vezes por telefone e faz um tempo lhe mandou uma passagem para que ela fosse visitá-lo. Conta que ficou feliz, viajou, mas acabou muito chateada porque dias depois teve de ir embora pois estavam chegando os filhos dele com a ex-mulher.

Ficamos conversando muito tempo, mais de duas horas e meia sem parar. Ouvi, ouvi e depois falei tudo o que eu pensava.

— Me diga, pergunta para ela meu paciente, por que você teve de ir embora da França quando os filhos chegaram? No final das contas você é a namorada, não é? Ou por acaso você é a amante? Ou é um caso? O que você é dele?

Falei tanto que até pedi desculpas. Achei que havia sido muito forte. Mas ela assegurou que tinha sido muito bom, muito importante, que iria ligar no dia seguinte para a França e que se as coisas não ficassem mais claras, ali mesmo iria deixá-lo.

Fiquei muito preocupado, comenta o paciente, insisti para que ela não fizesse isso, que não podia pegar o telefone de imediato e falar tudo o que estava pensando, que tinha de esperar, refletir calmamente e que, quando tivesse digerido melhor, aí sim, se quisesse poderia falar com ele...

Esse fragmento isolado, para quem o ouve, poderia até carecer de importância se não estivesse reproduzindo quase que na íntegra situações já vividas por nós nas sessões de análise em que ele ocupava a posição que, nesse relato, era vivido pela namorada do futebolista.

Eu estava sendo retratada, ou melhor, cenificada, na posição e na indagação dele. Como se meu paciente tivesse vestido minha indumentária e passado a atuar conforme o que a roupagem sugere. "Eu vi seu trabalho" ele falou. Que poderia querer dizer com isso? Era o meu trabalho, o trabalho dele? Daria para distinguir ali o que era meu e o que era dele? Era uma imitação, um plágio, uma reprodução em ato, que pode ter mais o sinal de um traumático do que de um processo elaborativo? Houve a clareza para ver que tinha algo ali que não era dele. Não o estava reproduzindo sem saber que o reproduzia. Mas, ao mesmo tempo, não parecia uma apropriação, um fazer próprio, mas, sim, um empréstimo com devolução em breve.

Tempos atrás eu tinha falado: se alguém perguntasse a você qual é a sua situação, casado ou separado, o que responderia?... e depois de um silêncio e uma expressão confusa, acrescentei, é possível que hoje não possa defini-lo, mas não defini-lo é também uma definição, é como se pudesses dizer: por enquanto não posso defini-lo.

Acabado o tempo da sessão, e já de pé ao lado da poltrona, ele acrescenta: vou falar sobre isso com minha mulher... De imediato, e em um esforço para tentar interromper o que já estava posto em marcha, de evitar que se colocasse em ato o que ainda não tinha tido acesso à palavra, digo: talvez fosse melhor antes conversarmos mais um pouco sobre o que estás pensando, digeri-lo melhor...

Na sessão seguinte e sob meu sentir perplexo, semelhante, imagino, ao que ele experimentou quando a namorada do futebolista disse que ligaria para França e concluiria a relação por telefone, ele comenta: Falei com minha mulher, eu disse para ela que deveríamos definir melhor nossa situação (casados ou separados), que precisávamos tomar uma decisão, mesmo que fosse para decidir que, por agora, não iríamos decidir nada.

A esposa, reafirmando, então, os sinais que ele relutava ver, sugere, ou melhor decide, que se separem legalmente e marcam para sete dias depois a data.

— O que você achou, perguntei:

— Está bom. Se a *gente* quiser, depois casa de novo.

Acho que eu, muito mais do que ele (novamente difícil a distinção), precipitei um desenlace que, pelo menos para meu paciente, estava fora de propósito. Dali a defesa, uma fantasia destinada a encobrir a angústia, que permite poder anular, pelo menos imaginariamente, o acontecimento ("se a gente quiser depois casa de novo"). Foi tanto uma precipitação que, tempos depois, "sem papéis passados" ele continuou pensando e atuando como se estivesse casado.

Em todo paciente, em todo fragmento de sessão, podem estar presentes – para quem possa adverti-lo – os indícios do trauma. Não é propriamente a palavra, que exprime um sentido, que mostra o trauma. Sua expressão é por excelência pré-verbal, até porque, como vimos, ora está negado para ele a representação e a palavra, ora a relação entre as palavras, os nexos.

Nas recorrentes *"passagens ao ato"*[20], tão características neste paciente, *nas cisões e negações do ego* e *nas marcas no corpo*, encontramos os vestígios do trauma.

"O *acting-out* é um dizer que responde..., onde o outro faz falta" (Soler, 1986; p. 68). Ele fecha uma fenda que, aberta, revela o ponto da angústia traumática, do vazio, do que não tem verbo, da falta. O *acting-out*, como Soler fala, recusa um

---

[20] Na obra de Freud e na tentativa sistematizada do *Dicionário da psicanálise* de Laplanche e Pontalis (1968), não encontrei distinções claras entre "atuar", "passagem ao ato" e *"acting-out"*. Embora apareça em diferentes verbetes *"acting- out"* e "atuar", ambos remetem a significados semelhantes: trata-se de expressar com eles as colocações em ato de maneira impulsiva de pulsões, fantasias e desejos. No verbete *"acting-out"*, destaca-se o caráter impulsivo de certas ações, desvinculadas dos "sistemas motivacionais habituais do indivíduo, que adotam frequentemente uma forma auto- ou heteroagressiva". Para Freud, o *"acting-out"* é um sinal do recalcado e deve ser valorizado no contexto da análise em relação com a transferência, à medida que "leva à ação" movimentos pulsionais desvelados pela análise.

Colette Soler (1986), em interessantes colocações, distinguirá a *"passagem ao ato"* pelo qual o sujeito recusa reconhecer o saber que não é impossível (estaria aqui distinguindo saberes possíveis – aqueles que dizem respeito ao recalcado acessível pela análise, de saberes não possíveis que dizem respeito à realidade que está fora do princípio do prazer, fora da relação transferencial, a realidade do trauma?) do *"acting-out"* que, embora diferente das formações inconscientes, também tem um lugar no registro significante e pode, portanto, ser interpretável, mas que esta interpretação não é conveniente realizar porque ela não é recebida pelo sujeito que exclui a pretensão do saber. No *acting-out* –, diferentemente do sintoma do qual o sujeito se queixa, se pergunta, e coloca uma metáfora que sugere uma leitura – o sujeito não se queixa, nem coloca em questão seu sentido, não sabe o que ele diz e nem mesmo o que ele diga. O analista, diz ela, deve responder ao *acting-out* e até mesmo evitar que ele aconteça, "enquanto o analisando *acts out* ele não está na posição de analisando" portanto, trata-se de "sintomatizar o acting", de mudar a condição subjetiva ("retificação subjetiva") para que então a análise e a interpretação possam ser feitas. O *acting-out* é "uma ficção que permite ler esta verdade do ser que permanece fora dos alcances do verbo" (*Ibid.*, p. 61).

Embora a riqueza que essas diferenças podem trazer para uma análise mais depurada, optei no contexto deste texto, usar indistintamente as expressões "acting-out" e "passagem ao ato".

saber e "o que se recusa a dizer, passa ao ato" (*Ibid.*, p. 57), colocando em questão o trabalho de análise.

As palavras não se detêm, passam rapidamente. Como no trauma, o que acontece ou é dito entra, mas não se digere, se inscreve, mas não se representa. Não se trata aqui do ato que encontramos em "Recordar, repetir, elaborar" (1914), não é um atuar para não lembrar o que esqueceu ou recalcou, mais um atuar para não pensar. Quando de imediato o paciente responde ao que foi falado na sessão com uma "passagem ao ato", ele recusa a interrogar-se e, em vez de levantar uma questão, coloca no seu lugar o ato. Como se com ele quisesse dizer "não precisamos falar mais, olhe, já está resolvido". Bom exemplo de "cura" por transferência ou por resistência à análise!

Enquanto o processo analítico faz um convite para introduzir a experiência na via do pensar, o sujeito parte para o caminho do ato. É a pulsão que, sem dizer, se faz dizer nos gestos impulsivos, ora silenciosos, ora gritantes dos atos.

Qual é, neste caso, a falta que faz falta, a falta que o ato dribla, a falta traumática? É a falta do outro, de um outro que, com sua fala, o fale. Um outro que o espelhe sem que se espelhe. Um outro indispensável para que, com seu olhar, possa torná-lo ele mesmo. Em troca, o paciente parece ter encontrado um outro que não o fala, que não o pensa, que não o espelha. Um outro que, de forma patética, será repetido por mim, mais claramente, em uma das sessões de análise, reafirmando, assim, a inevitável sentença da qual Ferenczi alerta: "o analista sempre repete a cena do crime"...

Em uma sessão, uma depois da anterior relatada, talvez a mais emotiva, na qual quase os afetos se exaltam e os sinais da angústia aparecem, em que seu rosto ruborizado delata e seus olhos ficam cheios de lágrimas, ele fala: "estou com um problema existencial... se não fosse pelo filho dele, meu amigo teria morrido". Encontra tão fortemente impregnado e identificado com a cena do amigo (o problema existencial é dele, mas a situação dramática é do amigo) que tento atraí-lo para buscar, na sua história, traços, percepções e memórias que possam dar suporte e explicação para a intensidade de suas emoções: "parece que você também sente que teu filho te salva...", a intensidade da sua emoção aumenta, mas gradativamente se dilui afastando-se do tema, das suas sensações, até fazer desaparecer qualquer rastro. Retomo o ponto de partida da sessão e digo: "talvez muito do que você fala remete não só à tua posição de pai, mas também à tua posição de filho... me conta um pouco das tuas relações com teu pai..." (falecido quando ele era adolescente). Fala de como ele acha que os filhos em geral, e sobretudo os adolescentes, sempre têm conflitos com o pai, discutem, se revelam, "mas com meu pai, acrescenta, nunca foi necessário, porque meu pai era..." e na hora que imagino que completará a frase com algum benevolente atributo, fala da severidade do pai e da distância entre ele e os filhos.

Chegamos ao fim da sessão e, um tanto a contragosto com o horário que marcava o relógio, continua falando até abrir a porta e nos despedirmos até a sessão seguinte.

Quando retorna, e como fazia muitas vezes (talvez para garantir desde fora uma continuidade, ou para dar ao processo um tom racional e uma previsibilidade que evita qualquer manifestação espontânea), anuncia que vai começar pelo término da sessão passada. Mas, assim como fiquei surpresa com a continuação que deu para a frase "porque meu pai era..." denotando uma ruptura ou dissociação na linha de pensamento, aqui também surpreende, porque embora o tema que ele retoma fosse o mesmo: o relacionamento com o pai, ou melhor, a relação de seu pai com os filhos (pois nunca está presente uma relação direta, a dois, no seu relato), o conteúdo e o tom vêm com o signo contrário (de quem diz: "tudo foi perfeito"), ou seja, com a marca da "passagem ao ato", a de obturar qualquer entrada para novos significados.

Seguidamente, envolve-me um forte sopor (como nunca lembro haver sentido antes, nada igual ou parecido) e adormeço por uma fração de segundos, despertando em sobressalto, na frente de meu paciente, que continua falando e olhando de forma imutável, como se nada de extraordinário tivesse ocorrido.

Se concordamos em que ambos, analista e analisando, não podem ser compreendidos um independente do outro, mas, sim, como destaca Ogden (1996), em uma dialética intersubjetiva, "num espaço interpessoal em que a subjetividade e a capacidade de pensamento são criadas (e às vezes atacadas)" (p. 39), podemos pensar que este episódio é o efeito da identificação projetiva, pela qual partes clivadas do *self* do paciente se projetam "para dentro" do analista para controlá-lo e torná-lo parte de si mesmo, provocando uma indiscriminação pela qual o objeto-alvo das projeções, o analista, acaba atuando, pensando e sentindo como o próprio sujeito.

Podemos também pensar que, ao dormir, atuo a parte que precisa estar adormecida nele (a do saber, a do pensar, a do sentir) e que possivelmente fui objeto da mesma violência que a ele o violentou e o violenta: a violência que provoca ter de silenciar, ter de inexistir... possivelmente para que o outro exista.

Podemos entender, também, que esse último episódio relatado traz um *acting-out* – desta vez do analista – que delata "onde o outro faz falta", a falta de um analisando que permita colocar em movimento, com sua demanda, o processo de análise.

Não é só o paciente que adverte sobre o trauma. O terapeuta também é portador e cúmplice desses indícios: nos *acting-outs* (expressão mais selvagem do inconsciente), nos esquecimentos, nos estados de sono, ou seja, quando se produzem momentos de regressão em que se surpreendem e abandonam os recursos do processo secundário, quando não se faz sintoma, mas "*acting-out*" ou "passagem ao ato". Quando o ato se impõe e a palavra se perde. Quando o corpo revela o que a palavra não fala.

Como vimos, os contínuos *acting-outs* do paciente também põem em evidência onde "outro faz falta", um outro que, paradoxalmente, seja diferente daquele que ele convida para a identificação projetiva, daquele que dorme e nada reflete; um outro que, como a namorada do futebolista, possa devolver com seu olhar uma imagem que permita reconhecer suas partes para integrá-las, reafirmá-las, e viver emoções como aquelas presentes, quando chega na sessão em que conta esse episódio (o da namorada do futebolista), com uma expressão contente, de "júbilo".

Pensamos assim, que a repetição compulsiva do *acting-out* mostra um fracasso da função integradora do eu, o sinal da cisão, a impossibilidade da representação e, portanto, o efeito de um traumático.

Falávamos do *acting-out* como indício do trauma, falávamos também das cisões no *ego* e expressões no corpo como outros sinais do trauma.

O que podemos dizer sobre os movimentos de clivagens, das cisões do *ego* que, como Gurfinkel (2000) diz, são sempre o sinal de um traumático?

Em um elucidador trabalho de Luís Cláudio Figueiredo (2000), cujo tópico é a problematização e a caracterização da condição *borderline*[21], encontramos referências ao processo de estruturação *egoica* e às qualidades desta instância que nos permitem, sem ter de caracterizar necessariamente nosso paciente como *borderline*, aproximar-nos da sua modalidade de funcionamento que chamamos de traumático, em que também, como naquela patologia, parece confluir um *ego* debilitado, falido em alguma de suas funções (como a de integração, a expressão dos afetos, a rigidez nas defesas, etc.), com as insistentes "passagens ao ato", e com um funcionamento hábil e

---

[21] Para outros detalhes da caracterização do *borderline*, remeto o leitor ao livro *Borderline*, de Mauro Hegenberg, desta mesma coleção.

lúcido no exercício de outras funções (como a do pensamento lógico, por exemplo).

A partir do texto mencionado, podemos pensar que em relação a este paciente, estamos diante de um psiquismo que mostra a *"precariedade dos limites dos espaços psíquicos"*, precariedade também presente no limite dos espaços externos[22]; e diante de um *eu* tão *permeável*, que parece muitas vezes diluir seus limites colocando em risco sua própria consistência. Também é possível observar como as necessidades em relação ao outro e o temor a uma separação definem um *estilo submisso e incondicional de adesão, uma posição de desamparo e dependência*, um *existir mimético* disposto a tomar a forma de quem o contenha, e uma expressão tão limitada de seus *afetos quanto de suas próprias palavras*. Vemos também uma *"dificuldade no sistema especular"* responsável pela síntese *egoica*, como se faltasse no sujeito uma imagem mais delineada para ser refletida, produzindo o fenômeno que poderíamos chamar de "efeito de espelho invertido". Não é ele que se vê refletido no outro, mas é o outro que se vê permanentemente refletido nele.

Essas características que parecem identificar-se, segundo Figueiredo (2000), com aquelas presentes no que Winnicott chama de "personalidade falso *self*", ou Helen Deutsch descreve como "personalidade como se", ou que Green denomina de "doenças nas fronteiras do ser" (problemas nos limites externos

---

[22] O primeiro revelado na invasão intempestiva de uma instância por outra, por exemplo, e no segundo, nas relações de aderência, nos dois beijos na entrada instituídos na linha do *"acting-out"* ante uma interpretação que apontava para os afetos.

do eu) e que Meissner incluíra nas características da personalidade *borderline*, parecem remeter a transtornos que não são produzidos pelo efeito do conflito, mas de *déficit*[23].

Alguns autores, como Winnicott, atribuirão este *déficit* às condições próprias do traumático que se revelam na dificuldade da síntese *egoica*. A falta dos cuidados de um *self*-empático nos primeiros seis meses de vida e a violência exercida ora pelas invasões, violações, falhas na sustentação física ou psíquica da criança, ora pelos cuidados mecânicos e impessoais de uma mãe narcisista ou deprimida que não pode se oferecer como espelho, serão responsáveis por uma cisão básica que limitarão o sujeito no trabalho das integrações futuras.

É possível perceber nestes pacientes junto com a excessiva elasticidade ou restrição *egoica* um funcionamento intelectual lúcido, *insight* imediatos ao mesmo tempo que "ausências perceptivas" e negação de porções da realidade interna e externa. Figueiredo (2000) fala em "dissociação radical entre percepção e ação" e dirá: que o *borderline*, quando tende a agir, tende a não perceber e, quando percebe, nada pode fazer de prático com suas percepções.

O fato de que todas essas diagressões aproximam nosso paciente do que foi descrito como *modalidade borderline* nos leva a pensar que todo paciente *borderline* é um paciente

---

[23] Hugo Bleichmar (1997), indicando a postura de vários autores, coloca a diferença entre transtornos originados pelo conflito, dos "transtornos por *déficit*" ou "transtornos por detenção no desenvolvimento" atribuídos à falha do meio circundante em prover o sujeito daquilo que requer em cada fase de seu desenvolvimento.

traumatizado, cujas problemáticas remetem não só a conflitos, mas a *déficit* e que tem como resultado as manifestações do psiquismo traumatizado que convive (alternadamente dominando) com aspectos narcísicos e edípicos.

Por outro lado, parece-me interessante observar que, por trás de uma única condição, a *borderline*, imperam características *egoicas* similares, mas ao mesmo tempo também uma multiplicidade de manifestações que não mantêm entre si grande uniformidade. Se pensamos que o aparelho psíquico *borderline* se assemelha ao psiquismo traumatizado de Ferenczi, constituído "somente" de *id* e *superego*, podemos pensar que a variedade das manifestações corresponde ora a uma presença mais dominante do *id* (em que apareceriam manifestações com traços mais perversos), ora à dominância *superegoica* (com manifestações mais próximas dos obsessivos e melancólicos).

Podemos ver, também, que a radicalidade e o primitivismo das defesas: cisões, negações e identificações projetivas, correspondem com sensações depressivas, de esvaziamentos do eu e de estranheza, com sentimentos da angústia muitas vezes catastróficos – quando o que está em jogo é a própria existência –, angústia ante o abandono, a perda do objeto, diferente da angústia neurótica que se dá ante a perda do amor do objeto.

Qual é o lugar do outro para este paciente na situação da análise? Em que posição fica o analista na transferência? No lugar de modelo, no lugar do saber, da razão, da fortaleza, frente ao qual o paciente vive o des-saber, a des-razão, a vulnerabilidade.

O outro da relação permanece, muitas vezes, com a sensação de ser expropriado nas suas características, de haver sido dilatado nos seus limites, no seu espaço interno, para ser habitado e "parasitado" nos seus pensamentos e nas suas falas. A dificuldade que o analista tem de se situar no campo transferencial e de lidar com as transferências do paciente, ora porque ele é empurrado para dentro e para fora, ora para perto e para longe, como diz Figueiredo (2000 b), mostra a instabilidade da posição subjetiva do paciente que ora se dilui no psiquismo do outro, sitiando o analista pela identificação projetiva, ora consegue retomar para si uma representação própria com a qual o outro fica nitidamente como outro.

As vicissitudes de uma relação terapêutica não passam exclusivamente pelo jogo das transferências e contratransferências. Embora pudéssemos pensar que, na relação analítica, o que acontece em última instância é sempre transferencial[24],

---

[24] Radmila Zygouris (1999) diagrama uma "classificação das transferências", em que, apesar de não abandonar a ideia de que tudo o que ocorre no campo da relação terapêutica é da ordem da transferência, distingue no seu interior nuances que merecem ser categorizadas. Ela reconhece, assim, as *transferências* clássicas, propriamente *neuróticas*, "*edípicas*", em que se reatualiza o contexto edípico, e as *transferências internas*, em que o "si próprio" é o alvo das transferências, pela qual o sujeito se faz reiteradamente aquilo que lhe fizeram no passado, "maus-tratos interiorizados". Descreve também a *transferência invertida* e a *repetição traumática* (aqui, sugestivamente, chamada pela autora não de transferência traumática, mas "repetição traumática"), e as *transferências acéfalas*, três modalidades de transferência que, juntas, configuram o que para nós está sendo colocado como o que aparece na relação terapêutica e que é da ordem do trauma, pelas quais o "analista sente, age ou pensa no lugar do analisando, aquilo que permanece desconhecido, recalcado ou clivado neste, vivenciando em seu lugar fragmentos de experiências subjetivas não reconhecidos" e funcionando como aquilo que Zygouris, citando Delaunay, chama de "um aparelho psíquico a dois", pelo qual é possível ser "atravessado por

à medida que contém a repetição dos protótipos infantis, das relações de objeto e a atualização dos desejos inconscientes na figura do analista, falar genericamente em transferência obscurece a complexidade, a qualidade e a quantidade do que acontece nessa relação, assim como a fonte e a natureza dos afetos, das sensações e pensamentos, que se originam no analista, e as diferentes exigências que compõem um trabalho de análise.

Se em alguns momentos a posição que o analista ocupa reproduz o lugar das figuras parentais ou um outro significativo, idealizado, denegrido, amado ou temido, em outros o analista não é o destinatário de um deslocamento, mas uma extensão, uma parte do próprio sujeito que, como tal, é capaz de sentir, pensar e confundir-se com o que o paciente pensa e sente.

No vínculo de transferência, reatualizam-se com toda intensidade imagos, fantasias, representações inconscientes, afetos, desejos libidinais recalcados, emergentes da história de vida sexual infantil e do Édipo que precisam ser revelados, rememorados, reconstruídos ou construídos pela análise. Na identificação projetiva, o outro não é produto dos deslocamentos, mas das projeções, trata-se de um outro construído com as partes clivadas e não integradas do paciente, pelas quais

---

pensamentos que não se originam em nossa existência. Por último ela fala das *transferências centrípetas* pelas quais o paciente transporta para fora da sessão o que fora vivido dentro, seja como fecundo "aprendizado", seja como reprodução de cristalizações negativas originadas no processo que foi vivido dentro.

este último faz o analista sentir e dizer o que ele mesmo sente e pensa, mas não pode dizê-lo.

Por isso, alguns dos atos de meu paciente podem ser entendidos como um atuar para não lembrar, mas outros podem-se entender como um atuar para não pensar, e outros, ainda, como um passar a atuar o que está proibido de ser pensado e falado por ele, mas que está autorizado a pensá-lo e dizê-lo quando é um outro que o pensa e diz. Um outro que, por sua vez, não é tão outro, porque, tomado pela identificação projetiva, pensa, sente e fala pelo paciente. Em uma certa altura do processo, por exemplo, quando meu paciente coloca uma questão de salários, ou melhor, de retiradas como sócio de seu escritório e eu pergunto e assinalo algo em relação a isso e ele o transforma rapidamente em uma sugestão para atuá-lo, dizendo: "amanhã vou colocá-lo para que mude", é bom se perguntar se esse fazer automático reproduz o que "eu" falo, ou se ele falará algo que me fez falar porque em nome próprio não poderia falá-lo.

O que é da ordem do trauma não se transfere, não tem cena a ser evocada, mas a ser novamente – idêntica ou inversamente – encenada (volta contra si mesmo).

Clínica

Quais são as consequências para o trabalho de análise com sujeitos que, atravessados pelo trauma, convivem com uma cisão intrassistêmica ao interior do *ego*[25]; que constroem

---

[25] Que, diferentemente da neurose, por exemplo, em que embora as dissociações estejam presentes, elas são efeito do conflito entre instâncias – intersistêmica –, e respondem ao desejo.

sintomas que – diferentemente do sintoma neurótico clássico – não obedecem nem a uma formação de compromisso nem, como no sonho, a uma realização de desejos; que carecem de representações sobre o fato traumático porque este se localiza fora da compreensão, do recalcamento, das referências intelectuais e psíquicas? Como se trabalha com um paciente que não transfere o que é da ordem do trauma e que, muitas vezes, não tem cena para ser evocada[26], mas só cena a ser reencenada; com um paciente que, comocionado e anestesiado pelo efeito do trauma, às vezes não tem queixa, não percebe o sofrimento e, portanto, não pode formular sua demanda; com um paciente que não se mostra implicado e que evita qualquer conflito com as dissociações?

É necessário primeiro desenvolver um trabalho preliminar. Reinscrever o trauma, dar-lhe representação, sintomatizá-lo, para que fale seu sofrimento, sua queixa, sua demanda, abrindo, assim, o campo da transferência e da análise.

Como fazê-lo? Interrompendo o circuito da repetição no interior do movimento da análise[27], a repetição do paciente,

---

[26] Ou, se evocada, permanece isolada do sentido porque: "enquanto subsistir a clivagem entre o ressentido pulsional, as emoções e as palavras" (Zygouris, 1995; p. 246) o trauma permanecerá congelado no imaginário.

[27] Poder-se-ia pensar que existe uma contradição quando falamos de repetição na análise quando esta ainda não teve início, quando a transferência ainda não assentou suas bases. Mas penso que, assim como nem tudo o que ocorre na relação é transferência, alguns aspectos têm a tônica do transferencial. Por outro lado, podemos pensar que sempre algum tipo de transferência entra na sala junto com o paciente. Pode não ser plenamente a dele com o analista, mas pode ser a dele com uma outra pessoa que, por seu intermédio, possibilitou que o paciente chegasse à análise.

mas também aquela que, pela identificação projetiva, vive o analista; interceptando as "passagens ao ato"; subjetivando os afetos, implicando-o nas suas falas e emoções, identificando e oferecendo palavras para o que está bem, mas também para o mal-estar e o sofrimento.

Em uma sessão bastante posterior às citadas, depois de um convívio duradouro com os *"actings"* que me deixaram por um bom tempo amordaçada, por temor a que as palavras se convertessem em ordens e atos, eu digo, um tanto intempestivamente ante uma fala dele em que novamente a "passagem ao ato" aparece: "Não, você não vai falar isso agora para seus clientes!", e depois de uma expressiva cara de surpresa seguida de um silêncio, esclareço: Na hora que você vai e fala é como se você me dissesse: já resolvi, não precisamos falar mais do assunto... Mas na verdade precisamos..."

Nesse momento, é como se ambos estivéssemos reproduzindo a cena traumática, uma cena que outrora despertou um excesso de excitação inadministrável pelo paciente e que hoje o emudece; uma cena em que o adulto violenta, e a criança se assusta e paralisa. Uma cena que poderia não ser mais do que uma reprodução e um reviver do trauma, em si mesmo comocional, traumatizante, mas que pode ser, também, um ponto de partida para recuperar passagens só aparentemente mortas da sua história e descongelar, pelo caminho da nomeação e construção, a cena traumática. Zygouris (1995) fala da utilidade de "revisitar a cena traumática", para que, recontatando-a, seja possível recompor os lugares simbólicos e recuperar o sentido do dano sofrido.

O paciente teme a fala e, mais ainda, a "regra fundamental", o aparecimento de emoções, sejam agressivas ou amorosas, refugiando-se, assim, em uma imitação, em uma espécie de ecolalia verbal e emotiva. Só muito tempo depois de começado o processo de análise, ele esboça emoções, as de raiva primeiro, temporizadas por minuciosas justificativas.

O paciente precisa sentir, falar, e cada fala precisa ser esmiuçada nos seus detalhes, para que, nomeando e expondo, se implique no seu próprio sentir e no seu próprio discurso.

Trata-se também de potenciar a experiência do "si mesmo", do "eu sou", experiência que parte de uma vivência de fusão, de dependência (também possível de ser vivida em análise) para paulatinamente ir encontrando sua separação, sua independência, o próprio. Quando ele diz "vi seu trabalho" e eu acrescento que tem ali algo meu, mas também dele, de um terreno indefinido no qual o eu pouco aparece, no qual ele me vê, mas não se vê a si mesmo, é necessária olhar para essa qualidade de relação em que para que um exista o outro precisa negar-se. Como diz Figueiredo (2000), é necessária uma qualidade de presença, de implicação e reserva, colocada a serviço da construção dos limites do eu. Um analista disponível com sua interpretação, mas também com o seu psiquismo (depositário das identificações projetivas do paciente), vivendo no espaço da análise o que Ogden (1997) chama de "terceiro analítico" ou a "personalidade combinada" de Symington (1994), pela qual a experiência interna liberadora do analista possa gerar movimentos similares no paciente.

Um analista atento exclusivamente ao registro simbólico priva a relação de uma experiência capaz de criar um impacto que, embora muitas vezes comocional, permita, por meio dela, restaurar uma continuidade em um psiquismo interrompido pelas denegações e clivagens.

Não se trata obviamente de mudar o passado, mas, sim, de propiciar uma mudança na posição subjetiva do paciente com relação à dele. Em uma das sessões, o paciente relata o diálogo que tinha acabado de ter com sua mãe sobre as circunstâncias presentes no momento da morte de seu pai. Durante 20 anos, nunca tinha se animado a fazer a pergunta, e nem sabia se a pergunta existia. Era preferível eliminar o que, em algum momento, talvez soube ou intuiu, destituir-se de um pedaço da sua história, do que arcar com o ônus da resposta. Quando se sente mais forte e não precisa de defesas tão drásticas, pode ir recuperando os elementos dissociados e recusados, preenchendo as lacunas e reconstituindo sua história.

Faz-se imprescindível também um trabalho de figurabilidade que, tal como César e Sara Botella (1988) colocam, transforme a repetição perceptiva, sensorial, traumática em representação e permita introduzir o trauma nos trilhos da dinâmica e da tópica. No sintoma neurótico, o inconsciente dinâmico pensa e fala a realidade sexual do inconsciente e do conflito. No sintoma traumático, o inconsciente tópico e econômico atua, apontando a falha do recalque.

Nas ruborizações, nos olhares expectantes e perplexos, na absoluta dificuldade de manter o silêncio, nas posturas e imposturas estereotipadas – como quando espera ansioso uma fala que venha a quebrar o silêncio – e nos movimentos de um corpo muitas vezes mole e indeciso que se deixa cair fadigado na poltrona, podemos presumir os traços traumáticos que chamam a um trabalho de figurabilidade, nomeação, conexão, simbolização, tradução e construção. Mas por que, poderíamos perguntar, não chamar a essas manifestações de sintomas, de formações de compromisso e sim de traumáticas? Porque elas estampam o terror e a angústia que o sintoma neurótico abranda. Porque não têm a plasticidade, o compromisso entre instâncias e a presença do desejo e nem comunicação nem metáfora, mas a intenção desesperada de ligar o estímulo.

Aquilo que esses pacientes exigem nos transporta do lugar familiar da transferência, do trabalho com o recalcado, com o que é da ordem do desejo e do sentido, com a interpretação, para o trabalho com a compulsão repetitiva, com as percepções e sensações, com a particularidade das inscrições traumáticas (inscrições isoladas e despojadas de sentido e impossibilitadas de organizar-se em termos de desejo e de conflito), com os impulsos agressivos mais do que com os libidinosos, com as forças sofredoras masoquistas, com os excessos de um psiquismo-corpo que, na impossibilidade de fazer frente ao estímulo, se traumatiza.

Trata-se, finalmente, de um trabalho de construções e recomposições simbólicas, corporais e energéticas com um corpo-psíquico abalado pelo trauma. Com um corpo que não consegue conservar suas "fronteiras externas" quando não conserva as "fronteiras internas", com um corpo tão pouco delineado no seus contornos, como pouco delineado é seu contorno psíquico, com um corpo, às vezes, tão estranho e alheio como a própria subjetividade.

Poderíamos pensar em uma especificidade para o que hoje se sugere definir como uma "clínica do trauma" ou "clínica da pulsão", "clínica da dissociação", "clínica limítrofe" ou uma "clínica do impossível de ser dito". Tratar-se-ia de uma clínica mais atenta para as falhas do recalque, para as angústias impensáveis, para os traços perceptivos, para o corpo, para os movimentos afetivos pulsionais, para as "passagens ao ato", para o que teve impacto, inscrição, mas não conseguiu um acesso articulado no plano das representações. Uma clínica atenta ao conflito, mas também ao "déficit". Uma clínica que possa, tomando em conta as falhas na construção do eu, permitir a *experiência inédita do "si mesmo"*.

COMENTÁRIOS FINAIS

O novo não é a reflexão sobre o trauma – como vimos, ela remonta às origens da própria psicanálise – mas, sim, refletir sobre ele com enfoque novo, capaz de esclarecer quadros que não se desenvolvem a partir do *conflito*, mas do *déficit*: do desamparo, das falhas nos cuidados do mundo circundante, de irrupções que surpreendem e violentam, produzidas por catástrofes, terremotos, guerras, abusos sexuais ou qualquer outra vivência com igual eficácia traumática que coloque em risco a sobrevivência, física ou psíquica, do sujeito.

A controvérsia clássica entre pensar o trauma como consequência de fatores psíquicos (psicógeno) *ou* como efeito do impacto da realidade externa (exógeno) se dilui na evidência de que os mesmos acontecimentos não têm os mesmos efeitos sobre os vários psiquismos. No entanto, pensar que o sujeito assimila o acontecimento a partir da significação singular que atribuiu a ele não desacredita a importância do fato real. Desconsiderar o fato é desconsiderar a história do sujeito, sobrecarregar sua responsabilidade, incrementar sua culpa e prejudicar, com o desmentido, o paciente e a relação terapêutica. Embora a poderosa fantasia seja produtora de realidade, ao contrário da realidade traumática do fato, ela responde ao princípio do prazer e, em última instância, à realização do desejo. Enquanto o acontecimento intrusivo, atacante e traumático não encontra formas de integração, de ligação, de transcrição e representação, evidenciando, assim, algo da ordem da percepção, da apresentação, do isolamento e da dor, o que a fantasia (embora às vezes terrorífica) mostra é da ordem da imaginação, do prazer-desprazer, da representação e da inclusão simbólica. Se "a realidade psíquica constitui uma forma de existência particular que é impossível de confundir com a realidade material" (Laplanche e Pontalis, 1968; p. 143), tampouco é bom confundir a realidade material com a psíquica.

Se reservarmos a condição de irrepresentável para o acontecimento traumático, poderemos considerar como traumáticos aqueles conteúdos que foram submetidos ao recalque, mesmo que tenham representações, que seu desejo deslize pelos sintomas simbólicos e que suas lembranças possam ser evocadas? Ou será que o fato de estar recalcado já fala do processamento do traumatismo que, por isso, deixaria de ser traumático? Essas questões remetem ao texto freudiano, em que o recalque associado à neurose é o sinal de um traumático. Mas se o traumatismo aludir a um impacto que deixa o sujeito *impotente*, apelar à fantasia onipotente – como faz o neurótico – assinala uma mobilização proveitosa dos recursos psíquicos a favor da destraumatização, da representação, da fantasia e do recalque. Portanto, se um evento é traumático porque dificulta ou impede a representação psíquica e porque produz uma dissociação no *ego*, a neurose, em contrapartida, é um processamento efetivo do trauma, sintomatizando-o sem sacrificar drasticamente o *ego*, tornando assim o trauma analisável.

Que resta, então, do trauma da neurose e, mais ainda, da neurose traumática?

Como vimos, até seus últimos textos, Freud não consegue incluir sem reservas a suposta neurose traumática no campo das neuroses. Não a inclui, mas também não a descarta.

Alguns autores, até mesmo Laplanche (1981), falam da descrição da neurose traumática como uma realidade clínica indiscutível. No entanto, penso que o indiscutível, depois do impacto traumático, não é a presença da neurose traumática, mas de um *estado traumático*, no qual se apresentam as características atribuídas à neurose traumática: aparição dos sintomas imediatamente depois do choque, alterações fisiológicas, angústia intensa, estupor, confusão mental, inibição das atividades e sintomas claros de fixação ao trauma, como a repetição compulsiva do acontecimento em revivências ou em sonhos.

Penso que a forma como o *estado traumático* se processa (dependendo do momento do desenvolvimento do sujeito em que este acontece e da relação entre impacto e defesa) dá lugar aos diferentes quadros. A saída neurótica integra no psiquismo o trauma por meio de sentidos, fantasias, recalques e sintomas simbólicos. As psicoses, os estados *borderline* e as perversões mostram o "verdadeiro" caráter traumático. O trauma não é assimilado e integrado com o resto dos conteúdos psíquicos. Seu impacto insuportável cinde ou fragmenta o *ego*, isola o acontecimento e impede encontrar, pela representação, uma metabolização mais saudável.

Se quiséssemos manter o conceito de neurose traumática, precisaríamos redefinir o conceito de trauma ou falar em dois traumas (tendo ambos como denominadores comuns o excesso e a fixação): aquele que habita os estados *borderline*, psicóticos e perversos, provocando cisão[1], fragmentação e consequente impossibilidade de representar o evento (essas ideias foram desenvolvidas por Ferenczi, Winnicott e Masud Khan) e um outro trauma que, sem cindir o *ego* e sem carecer de sentidos e representações, se mantém sobrecarregado pela fixação e o excesso, reaparecendo intermitentemente na repetição, nas fantasias, nos pensamentos e nos sonhos. Enquanto o primeiro remete predominantemente à noção de trauma cumulativo e ao impacto persistente de uma realidade traumatizante ao longo da história do sujeito, o segundo faz pensar o fenômeno traumático em um plano em que se combinam os recursos do sujeito com um trauma visível, expressivo, que nesse momento impacta. Embora nesse caso o funcionamento psíquico que predomina trabalhe sob a lógica neurótica, sempre e em qualquer psiquismo, estarão presentes aspectos traumáticos irrepresentáveis (que, como vimos, são motor da compulsão à repetição) que também exigem um trabalho.

---

[1] Utilizei o termo cisão para conotar o *ego* dividido, da psicose e do fetichismo, tal como Freud o concebeu no artigo "A cisão do eu e os mecanismos de defesa" (1937). No entanto, penso que também na neurose operam no interior do *ego* diferentes "graus" de dissociação ou cisão. Talvez uma tentativa de discriminação mais apurada entre fenômenos dessa natureza, que ocorrem em todas as patologias, poderia reservar o termo cisão para fetichismo e psicose e dissociação para a neurose, devendo-se definir mais precisamente o que ocorre na modalidade *borderline*.

Parece, então, necessário não dicotomizar entre uma "clínica do trauma", ou "clínica da dissociação", ou "clínica do irrepresentável" *versus* uma "clínica do recalque" ou "clínica da representação" (embora cada patologia mostre sua dinâmica própria e mecanismos prevalentes), mas considerar em todo psiquismo os aspectos traumáticos não representáveis e aspectos inscritos que conseguiram uma representação.

Penso que podemos considerar modalidades mais ou menos traumáticas, não a partir do sofrimento subjetivo, e sim da possibilidade de representação.

Concluímos que *o fenômeno traumático compete sempre e em alguma medida ao plano relacional* (fantasia – realidade) e que dependerá da possibilidade do sujeito derivar as marcas irrepresentáveis inscritas no corpo e converter a apresentação (percepção e memória do mundo material, inescapável e dolorosa) em representação, para que o impacto do trauma possa ser elaborado, ou se perpetue de forma indefinida como trauma.

Considerar o trauma, acredito, conduz a:

- uma ampliação *das possibilidades de análise*, ao incluir o trabalho com os restos não ligados, responsáveis pela força produtora da compulsão à repetição, do gozo masoquista e do trauma;
- uma diversificação dos *modelos de compreensão* da dinâmica psíquica, que sem desconsiderar a estrutura, a fantasia inconsciente, o conflito, o recalque e o sintoma, orientam sua atenção para as falhas na estabilidade e

coesão do *self*, para a falta de uma mãe empática no começo da vida, para as falhas nas barreiras de proteção externas e internas (limites excessivamente permeáveis entre instâncias), para os excessos de excitação, para as comoções produtoras de anestesia e clivagem, para o desmentido, para os significantes enigmáticos e para os traumas cumulativos;

• um aumento dos *indícios* portadores de comprometimento psíquico que aparecem nas dissociações do *ego*, nas falhas do *self*, nas passagens ao ato, nas repetições compulsivas, nas identificações projetivas, nos precários limites internos e externos das instâncias psíquicas, nas evitações tenazes do conflito, nas alucinações negativas, na presença de conteúdos verbais, atos e gestos que evidenciem a falha do recalque e um excesso de energia. Aparecem também nas expressões do corpo, na identificação com o agressor, na falta de sintomas transicionais e nas denegações – que, como diz Ferenczi (1926; p. 291), são a última tentativa de interromper a marcha do reconhecimento da realidade. Também no analista podemos encontrar os indícios, seja nas sensações de paralisação ou de impotência;

• uma despadronização do *setting*, que fica mais móvel, diversificado e atento às singularidades e *necessidades* de cada paciente; atento, mais do que à busca do desejo inconsciente, à possibilidade de desejar. O *setting* tem uma importância crucial, favorecendo ou entorpecendo, como diz Winnicott, o desenvolvimento da análise. Ele introduz mudanças nas frequências e espaçamento entre as sessões, nas posições deitado ou sentado, nos lugares onde ocorre a sessão, nos contatos, inclusive telefônicos, enfim, criando um espaço transicional de revivência, exercício e experimentação dos sentimentos do *self* e das funções do *ego*;

- uma ampliação da *função do analista e suas possibilidades de intervenção*. A análise dos aspectos traumáticos não começa quando o processo analítico se inicia. Trata-se primeiro de levar o paciente à posição de analisando, interceptando e "sintomatizando" as passagens ao ato e a compulsão repetitiva. Além do lugar de intérprete que analisa, reinscreve e organiza, o analista amplia seu espaço produzindo atos, nomeando, inscrevendo, reassegurando, incluindo o corpo, oferecendo suporte e produzindo inconsciente, a partir de uma experiência vital, destraumatizante e transformadora.

Em uma mesma análise, ou até em uma mesma sessão, ocorrem diversas *modalidades de relação*, que colocam o analista em posições diferentes: a de *objeto das transferências*, na qual se reatualizam as constelações edipianas, as fantasias e os desejos; e a de *objeto das identificações projetivas*, produto não de transferências[2], mas de projeções dos componentes cindidos

---

[2] Nem todas as relações são transferenciais. A relação transferencial, sustentada pelas regras de funcionamento do princípio do prazer e do desejo, supõe a presença

e traumáticos. Neste entrelaçamento de subjetividades assim constituído, em que o analista passa a sentir, pensar e falar *como* o próprio sujeito, ou *pelo* próprio sujeito, constrói-se um campo interdependente que, provocando em um primeiro momento o "subjugamento" do analista pelo analisando, permitirá mais tarde, a partir da análise sistemática da contraidentificação projetiva e de movimentos menos analíticos que conduzem a "atos de liberação do analista,"[3] o "des-subjugamento" e a "reaprorição" (transformada) das subjetividades individuais" (Ogden, 1996).

O trauma constrói um ser em cima da clivagem e do gozo ante os quais a interpretação perde força. Por isso o processo terapêutico, além de trabalhar com o material transferencial e contratransferencial, trabalha também comunicando e integrando os aspectos cindidos, interceptando o gozo, a compulsão repetitiva (não só a do paciente, mas também aquela à qual o analista é levado), a identificação projetiva (sensações e pensamentos que, ao não poderem ser sentidos e pensados pelo paciente, transitam pelo analista) e a identificação com o agressor, além da culpa e do masoquismo.

---

nítida de dois objetos e o investimento libidinal do analista pelo analisando. Na identificação projetiva, instalada em uma modalidade de funcionamento narcísico, as duas figuras se fundem, passando o analista a ser usado para projetar aspectos do próprio paciente.

[3] Com "ato de liberação do analista", Symington (1994; p. 191) se refere a um ato do terapeuta para o terapeuta, que, por meio da dupla analista / paciente que o autor sugere chamar de "personalidade combinada", pode provocar também um efeito liberador no paciente.

Se na neurose a tarefa da análise é promover desligamentos e desconstruções a partir do recalque, na presença do trauma são necessárias as inscrições, as construções e as sínteses.

A reação traumática movimenta os estratos mais primitivos, desperta a angústia automática e os mecanismos senso-perceptivos existentes com anterioridade à diferenciação entre os sistemas. O corpo, sede das impressões sensoriais e da memória corporal, também reage e mostra os sinais do trauma: paralisa-se, contrai-se, enrijece, adoece, entorpece movimentos, inclina ou entorta suas posturas. "Estou desequilibrada, quase caio", falava uma paciente depois de comentar seu "desequilíbrio psíquico". Freud considerava o *ego* como a projeção mental da superfície do corpo e, supondo agora que toda experiência psíquica também é vivida simultaneamente no corpo, na falta da representação psíquica, pode-se apelar à presença da inscrição sensorial corporal como via de acesso ao trauma. O irrepresentável do trauma acaba imprimindo à concepção do trauma um sentido mais econômico. Por isso, trabalhar com ele é também trabalhar com o aumento do fluxo de excitação, com o congelamento da energia, com o bloqueio e a paralisia, com o processamento psíquico das intensidades não descarregadas dos acontecimentos, ou daquelas descarregadas que, na ausência do processo de elaboração, se recarregam.

Como foi falado, o que não se inscreveu psiquicamente pode estar, no sentido estrito, fora da análise, mas dentro do campo analítico.

A condição traumática, em que tantas variáveis intervêm, coloca o desafio de desenvolver o campo no qual se conjuguem o olhar psicanalítico e outros olhares, como o da neurologia e fisiologia (com as considerações bioquímicas que esses introduzem). Assim como, durante muito tempo, e ainda hoje, o psicológico e o psicanalítico fazem um apelo ao conhecimento médico para contemplar a presença do psiquismo nas manifestações orgânicas, tentando superar, dessa forma, um conhecimento dissecado, segmentado, dicotômico, é necessário que os saberes "psi", sob pena de estarem fadados a uma repetição às avessas (desconsiderando o orgânico), superem a dualidade que se expressa ora em uma terapia sustentada na palavra, ora em uma terapia sustentada no corpo.

Trata-se, enfim, de desenvolver um trabalho que mobilize os efeitos imobilizadores do trauma e possibilite, tanto no analista como no analisando, potenciar a singularidade, a liberdade interna, o conforto, a implicação e a possibilidade de pensar o inconsciente em vez de atuá-lo.

REFERÊNCIAS BIBLIOGRÁFICAS

AB'SABER, T. Um jogo de Winnicott. *Percurso*, 17:18-26, 1996.

BIRMAN, J. Desatar com atos. In BIRMAN, J. (org.) *Percursos na história da psicanálise*. Rio de Janeiro: Relume-Dumará, 1988.

BLEICHMAR, H. *Avances en psicoterapia psicanalítica*. Buenos Aires: Paidós, 1997.

BOTELLA, C. & BOTELLA, S. Trauma e tópica. *Revue Française de Psychanalyse*, tome LII:1259-1284, 1998.

CONTE, B. Trabalho apresentado no 4º Colóquio Internacional Jean Laplanche. Gramado (RS), 1998.

FENICHEL, O. (1945) *Teoria psicanalítica das neuroses*. Rio de Janeiro: Atheneu, 1981.

FERENCZI, S. (1912) O conceito de introjeção. In BIRMAN, J. (org.) *Escritos psicanalíticos (1909-1933)*. Rio de Janeiro: Taurus, 1988.

————. (1915) Thalassa, ensaio sobre a teoria da genitalidade. In *Obras Completas*. São Paulo: Martins Fontes, 1993. v.3.

FERENCZI, S. (1917) As patoneuroses. In BIRMAN, J. (org.) *Escritos psicanalíticos (1909-1933)*. Rio de Janeiro: Taurus, 1988.

FERENCZI, S. (1919) Dificuldades técnicas de uma análise de histeria. *Op.cit.*

————. (1923) O sonho do bebê sábio. *Op. cit.*

——————. (1926a) Contraindicações da técnica ativa. *Op.cit.*

——————. (1926b) Problema da afirmação do desprazer. *Op. cit.*

——————. (1928) Elasticidade da técnica psicanalítica. *Op. cit.*

——————. (1931) Análise de crianças com adultos. *Op. cit.*

——————. (1932a) Confusão de língua entre os adultos e as crianças. *Op. Cit.*

——————. (1932b) Reflexões sobre o trauma. In *Obras Completas.* São Paulo: Martins Fontes, 1992. v.4.

——————. (1985). *Diário clínico.* São Paulo: Martins Fontes, 1990.

FIGUEIREDO, L. C. *Palavras cruzadas entre Freud e Ferenczi.* São Paulo: Escuta, 1999.

——————. O caso limite e a sabotagem do prazer. *Revista Latinoamericana de Psicopatologia Fundamental,* 3(2):61-87, 2000.

FREUD, A. *(1946) O ego e os mecanismos de defesa.* Rio de Janeiro: Civilização Brasileira, 1996.

FREUD, S. (1888-1889) Prólogo y notas al libro de Bernheim. *Obras Completas de Sigmund Freud.* Madrid: Biblioteca Nueva, 1973.

——————. (1888-93 [1893]) Estudio comparativo de las parálisis motrices orgánicas e histéricas. *Op. cit.*

FREUD, S. (1892-93) Um caso de curación hipnótica. *Op.cit.*

——————. (1893) Charcot. *Op. cit.*

——————. (1893-95[1895]) Estudios sobre la histeria. *Op. cit.*

——————. (1894) Las neuropsicosis de defensa. *Op. cit.*

——————. (1896a) Nuevas observaciones sobre las neuropsicosis de defensa. *Op. cit.*

—————. (1896b) La etiologia de la histeria. *Op. cit.*

—————. (1901[1905]) Análisis fragmentario de una histeria. *Op. cit.*

—————. (1905) Tres ensayos para uma teoria sexual. *Op. cit.*

—————. (1912) La dinámica de la transferencia. *Op. cit.*

—————. (1914a) Recuerdo, repetición y elaboración. *Op. Cit.*

—————. (1914b) Historia del movimiento psicoanalítico. *Op. cit.*

—————. (1916-17 [1917a]). Lección XXII: Puntos de vista del desarrollo y de la regresión: etiologia. Lecciones introductorias al psicoanálisis. *Op. cit.*

—————. (1916-17 [1917b]). Lección XXIII: Vía de formación de sintomas. Lecciones introductorias al psicoanálisis. *Op. cit.*

—————. (1916-17 [1917c]) Varios tipos de carácter descubiertos en la labor analítica. *Op.cit.*

—————. (1919a) Lo siniestro. *Op. cit.*

—————. (1919b) Introducción al simposio sobre las neurosis de guerra. *Op. cit.*

FREUD, S. (1919-1920 [1920]) Más allá del principio del placer. *Op. cit.*

—————. (1923) El yo y el ello. *Op. cit.*

—————. (1923 [1924]) Neurosis y psicosis. *Op. cit.*

—————. (1924a) La pérdida de la realidad en la neurosis y en la psicosis. *Op. cit.*

—————. (1924b) El problema económico del masoquismo. *Op. cit.*

—————. (1924 [1925]) El 'block' maravilloso. *Op. cit.*

—————. (1925 [1926]) Inhibición, síntoma y angustia. *Op. cit.*

————. (1927) Fetichismo. *Op. cit.*

————. (1927 [1928]) Dostoyevski y el parricidio. *Op. cit.*

————. (1932 [1933]) Nuevas lecciones introductorias al psicoanálisis. *Op. cit.*

————. (1937) Análisis terminable interminable. *Op. cit.*

————. (1938 [1940]) Compendio del psicoanálisis.

————. (1887-1904) *Correspondência Completa de Sigmund Freud a
Wilhem Fliess.* (Editada por Jeffrey Moussaieff Masson). Rio de Janeiro:
Imago, 1985.

FROCHTENGARTEN, J. A exploração das dificuldades: uma proposta
de leitura de Winnicott. *Percurso.* 17:49-55, 1996.

FUKS, L. B. A insistência do traumático. In FUKS, L. B. & FERRAZ,
F. C. (orgs.) *A clínica conta histórias.* São Paulo: Escuta, 2000.

GARCIA-ROZA, L. A. *Acaso e repetição em psicanálise.* Rio de Janeiro:
Jorge Zahar, 1986.

GARCIA-ROZA, L. A.x *Introdução à metapsicologia freudiana 2.* Rio de
Janeiro: Jorge Zahar, 1993.

GREEN, A. *Conferências brasileiras de André Green: metapsicologia dos
limites.* Rio de Janeiro: Imago,1990.

GURFINKEL, D. O carretel e o cordão. *Percurso,* 17:56-68, 1996.

GURFINKEL, D. A clínica da dissociação. In FUKS, L. B. & FERRAZ,
F. C. (orgs.) *A clínica conta histórias.* São Paulo: Escuta, 2000.

KHAN, M. *Psicanálise: teoria técnica e casos clínicos.* Rio de Janeiro:
Francisco Alves, 1984.

————. *Quando a primavera chegar.* São Paulo: Escuta, 1991.

KNOBLOCH, F. *O tempo do traumático*. São Paulo: EDUC, 1998.

LAPLANCHE, J. *La angustia*. Buenos Aires: Amorrortu, 1988a.

—————. *Teoria da sedução generalizada e outros ensaios*. Porto Alegre: Artes Médicas, 1988b.

—————. *Novos fundamentos para a psicanálise*. São Paulo: Martins Fontes, 1992a.

—————. *La révolution copernicienne inachevée*. Paris: Aubier, 1992b.

LAPLANCHE, J. & PONTALIS, J. B. *Diccionario de psicoanálisis*. Barcelona: Labor, 1977.

LEVINE, A. *O despertar do tigre*. São Paulo: Summus, 1999.

LIMA, A. A. S. Além do princípio do prazer. In ALONSO, S. L. & LEAL, A. M. S. (orgs.) *Freud: um ciclo de leituras*. São Paulo: Escuta-FAPESP, 1997.

LOPARIC, Z. Winnicott: uma psicanálise não edipiana. *Percurso*. 17:41-47, 1996.

MASSON, J. M. *Atentado à verdade*. Rio de Janeiro: José Olympio, 1984.

MEZAN, R. Do autoerotismo ao objeto: a simbolização segundo Ferenczi. *Percurso*, 4:43-52, 1993.

OGDEN, T. *Os sujeitos da psicanálise*. São Paulo: Casa do Psicólogo – Clínica Roberto Azevedo, 1996.

PENOT, B. *Figuras da recusa*. Porto Alegre: Artes Médicas, 1992.

PINHEIRO, T. Trauma ou melancolia. *Percurso*, 10:50-55, 1993.

—————. *Ferenczi do grito à palavra*. Rio de Janeiro: Jorge Zahar-UFRJ, 1995.

RAND, N. & TOROK, M. Transmissions de la psychanalyse. In *Questions à Freud*. Paris: Les Belles Lettres, 1995.

SCHNEIDER, M. *Afeto e linguagem nos primeiros escritos de Freud*. São Paulo: Escuta, 1994.

SOLER, C. *Artigos clínicos*. Buenos Aires: Fator, 1991.

SYMINGTON, N. O ato de liberação do analista como agente de mudança terapêutica. *Escola Britânica de Psicanálise*. p. 185-197,1994.

UCHITEL, M. *Além dos limites da interpretação*. São Paulo: Casa do Psicólogo, 1997.

—————. Em busca de uma clínica para o traumático. In FUKS, L. B. & FERRAZ, F. C. (orgs.) *A clínica conta histórias*. São Paulo: Escuta, 2000.

WINNICOTT, D. W. (1945) Desenvolvimento emocional primitivo. In *Textos selecionados: da pediatria à psicanálise*. Rio de Janeiro: Francisco Alves,1988.

—————. (1948) Pediatria e psiquiatria. *Op. Cit.*

—————. (1949) Recordações do nascimento, trauma do nascimento e ansiedade. *Op. cit.*

—————. (1954) Aspectos clínicos e metapsicológicos da regressão dentro do *setting* analítico. *Op. Cit.*

WINNICOTT, D. W. (1959) Classificação: existe uma contribuição psicanalítica à classificação psiquiátrica? In *O ambiente e os processos de maturação*. Porto Alegre: Artmed, 1983.

—————. (1963) O medo ao colapso. In *Explorações psicanalíticas*. Porto Alegre: Artes Médicas, 1994.

—————. (1965) O conceito de trauma em relação ao desenvolvimento do indivíduo dentro da família. *Op. cit.*

————. (1966) Sobre os elementos masculinos e femininos ex-cindidos (*split-off*). *Op. cit.*

————. (1970) Sobre as bases para o *self* no corpo. *Op. cit.*

————. (1975) *O brincar e a realidade*. Rio de Janeiro: Imago.

ZYGOURIS, R. *Ah! As belas lições!* São Paulo: Escuta, 1995.

————. *Pulsões de vida*. São Paulo: Escuta, 1999.

Impresso por :

Graphium
gráfica e editora

Tel.:11 2769-9056